最强大脑思维训练系列

优等生必学的发散思维
——培养创新意识

于雷 编著

清华大学出版社

北京

内 容 简 介

现今社会,创新是一个人赢得竞争和凸显自我的有力武器,老旧、单一、呆板的方式和方法已经远远跟不上时代的要求。

本书精选了数百道创意思维训练题,这些丰富多彩的游戏和故事蕴含着深刻的寓意,闪烁着智慧的光芒。读者看后或是会心一笑,或是恍然大悟,或是点头称赞,或是由衷敬佩。这些新颖、奇特、不按常理出牌的应对之词和应变之策,让人在心生敬佩之余,大大开阔了思路和视野,获得更多智慧的启迪。

本书封面贴有清华大学出版社防伪标签,无标签者不得销售。
版权所有,侵权必究。举报:010-62782989,beiqinquan@tup.tsinghua.edu.cn。

图书在版编目(CIP)数据

优等生必学的发散思维:培养创新意识/于雷编著.—北京:清华大学出版社,2021.3
(最强大脑思维训练系列)
ISBN 978-7-302-57358-6

Ⅰ.①优… Ⅱ.①于… Ⅲ.①智力游戏-青少年读物 Ⅳ.①G898.2

中国版本图书馆 CIP 数据核字(2021)第 016122 号

责任编辑:张龙卿
封面设计:徐日强
责任校对:赵琳爽
责任印制:朱雨萌

出版发行:清华大学出版社
网　　址:http://www.tup.com.cn,http://www.wqbook.com
地　　址:北京清华大学学研大厦 A 座　　邮　编:100084
社 总 机:010-62770175　　邮　购:010-62786544
投稿与读者服务:010-62776969,c-service@tup.tsinghua.edu.cn
质量反馈:010-62772015,zhiliang@tup.tsinghua.edu.cn

印 装 者:三河市铭诚印务有限公司
经　　销:全国新华书店
开　　本:185mm×260mm　　印　张:11　　字　数:243 千字
版　　次:2021 年 5 月第 1 版　　印　次:2021 年 5 月第 1 次印刷
定　　价:49.00 元

产品编号:090838-01

前言

思维定式又称"习惯性思维",是指人们在思考问题时,按习惯的、比较固定的思路去考虑问题及分析问题,久而久之,人们就形成了一种习惯,遇到问题往往只会想到一个方面,形成思想上的"偏见"。

思维定式阻碍了人们思维的开放性和灵活性,造成了思维的僵化和呆板,这使得人们无法自由、灵活地运用知识,做事缺乏新意,方法守旧单一,创造性思维受到严重阻碍。

要知道,个人缺乏创新只会成为庸人,企业缺乏创新注定面临死亡,社会缺乏创新只会止步不前!

爱因斯坦曾经说过:"创造力比知识更重要。"创造力是综合各种知识和实践经验的能力,是人最重要、最有价值的一种能力,是发挥个人潜能的关键要素,是企业成功的原动力,也是社会进步的推动力。

创新思维是你脱颖而出的法宝,是你赢得竞争胜利的有力武器。尤其是在当今的信息时代,不论你是从事科学研究、艺术创作、广告策划,还是从事经营管理,都需要创新思维。老旧、单一、呆板的方式和方法已经跟不上时代的要求。加强创新思维,提高创新能力,在当今社会残酷的竞争中异常重要。

不少心理学家认为,创新思维是测试一个人想象力和创造力的主要标志之一。所以说,用创新思维游戏来培养孩子的想象力和创造力是非常合适、有效的。

本书精选了数百道创新思维训练题,这些题目内容丰富、难易适中、形式活泼。题目均从训练人们创新性思维的角度出发,并详细分析了解题方法,可以帮助我们冲破自己的思维局限,体验各种非常规的思维方法与技巧。

在游戏的过程中,你会得到更多可能的视角和解决问题的方法,让你在学习、工作与生活中做出更多不同角度的观察、思考和判断。

请赶快加入创新思维游戏中吧,让你的大脑开启一段非凡之旅!

编著者
2021.1

目录

第一部分 突发奇想 1
  1. 越狱 1
  2. 比萨斜塔 1
  3. 倒硫酸 1
  4. 氢气球 1
  5. 一艘小船 1
  6. 孙膑与庞涓吃饼 1
  7. 首因效应 2
  8. 开玩笑 2
  9. 比赛 2
  10. 桥的承受能力 2
  11. 丢失的螺丝 3
  12. 消失的邮票 3
  13. 12÷2=7？ 3
  14. 称重的姿势 3
  15. 怎么摆放最省力 3
  16. 仆人的难题 3
  17. 判断材质 4
  18. 如何开宾馆门 4
  19. 邮寄物品 4
  20. 8 个三角形 4
  21. 拉断一根绳子 4
  22. 发明 5
  23. 加热还是冷冻 5
  24. 动动数字 5
  25. 坐板凳 5
  26. 小气的皇帝 5
  27. 4 个三角形 5
  28. 11 变 6 5
  29. 调时钟 5
  30. 智救画家 6
  31. 盲打扑克 6
  32. 换牌 6
  33. 从长方形到正方形 6
  34. 最省钱的算命方法 6
  35. 入睡与醒来 7
  36. 雷击事件 7
  37. 颠倒是非 7
  38. 如何计算 7
  39. 奇妙的数列 7
  40. 捉小鸟 7
  41. 画线 7
  42. 摆脱鲨鱼 8
  43. 小孩过河 8
  44. 邮箱钥匙 8
  45. 新建的地铁 8
  46. 买镜子 8
  47. 倒水 8
  48. 平分油 8
  49. 飞上月球 9
  50. 房间的亮度 9

第二部分 打破常规 10
  51. 住院 10
  52. 乐队 10
  53. 买东西 10

54．感谢服务员	10	
55．若无其事	10	
56．花纹一样（1）	10	
57．花纹一样（2）	10	
58．奇怪的汤姆	10	
59．抓阄洗碗	11	
60．休假的女警	11	
61．奇怪的物种	11	
62．辨别方向	11	
63．超级透视	11	
64．假话	11	
65．最轻的体重	11	
66．语速	11	
67．有贼闯入	12	
68．兄弟俩	12	
69．猜数字	12	
70．这可能吗	12	
71．至少几个人	12	
72．吝啬鬼的遗嘱	13	
73．宋清卖药	13	
74．什么关系	13	
75．老人与小孩	13	
76．吹牛	13	
77．聪明的男孩	14	
78．走私物品	14	
79．煎鸡蛋的时间	14	
80．打麻将	14	
81．趣味组合	15	
82．吃饭	15	
83．双胞胎	15	
84．书虫啃书	15	
85．长颈鹿吃树叶	15	
86．冰球比赛	15	
87．除几次	15	
88．生物课	16	

89．爷爷有几个孩子	16	
90．猜数字	16	
91．赢家	16	
92．刻舟求"尺"	16	
93．木匠家的婚礼	16	
94．就要让你猜不到	16	

第三部分 逆向思考 ... 18

95．李白喝酒	18	
96．聪明的孩子	18	
97．买书	18	
98．聚会的日期	18	
99．盲人分衣服	18	
100．神枪手钓鱼	19	
101．抓骨头	19	
102．灯的数量	19	
103．吃罐头	19	
104．卖给谁	19	
105．怪盗偷邮票	19	
106．愚蠢的国王	19	
107．无法入睡	20	
108．移走巨石	20	
109．最安全的名画	20	
110．冰封的航行	20	
111．站住不动	20	
112．法官的妙计	20	
113．对画的评价	21	
114．奇怪的评分	21	
115．触礁	21	
116．漂浮的针	21	
117．聪明的阿凡提	21	
118．倒可乐	21	
119．放方糖	21	
120．学校的门	22	
121．司机的考试	22	

122. 成人之美 …… 22	155. 爬行的蜗牛 …… 30
123. 遗嘱 …… 22	156. 月历的密码 …… 30
124. 厕所和厨房哪个更重要 …… 23	157. 一头猪 …… 31
125. 聪明的守门人 …… 23	158. 阴影面积 …… 31
126. 巧放棋子 …… 24	159. 等式成立 …… 31
127. 智斗强盗 …… 24	160. 摆正方形 …… 31
128. 猫吃老鼠 …… 24	161. 6 变 9 …… 32
129. 排队的顺序 …… 24	162. 3 变 5 …… 32
130. 猜国籍 …… 24	163. 砌围墙 …… 32
131. 数字矩阵 …… 25	164. 消失的三角形 …… 32
132. 分配零食 …… 25	165. 直角个数 …… 32
133. 关卡征税 …… 25	166. 颠倒椅子 …… 33
134. 聪明的匪徒 …… 25	167. 不可能的三角形 …… 33
135. 牧童的计谋 …… 25	168. 图中填字 …… 33
136. 心灵感应 …… 26	169. 树枝 …… 33
137. 装睡 …… 26	170. 切木块 …… 33
138. 杀死跳蚤 …… 26	171. 方格密码 …… 34
139. 精明的生意人 …… 27	172. 共有元素 …… 34
140. 如何拍照 …… 27	173. 变形（1） …… 34
141. 调整水位 …… 27	174. 变形（2） …… 35
142. 盖房子的故事 …… 27	175. 变形（3） …… 35
143. 接领导 …… 27	176. 梯形 …… 35
144. 不会游泳 …… 28	177. 三角（1） …… 35
145. 扔扑克 …… 28	178. 三角（2） …… 36
146. 处理国家大事的时间 …… 28	179. 最短的距离 …… 36
147. 是否改变选择 …… 28	180. 变出杯子 …… 36
148. 菜市场的商贩 …… 28	181. 增加正方形 …… 36
149. 假币 …… 29	182. 堆油桶 …… 36
150. 区分鸡蛋 …… 29	183. 角度大小 …… 36
151. 北极的植物 …… 29	184. 羊圈 …… 36
152. 体重 …… 29	185. 六角星（1） …… 37
	186. 六角星（2） …… 37
第四部分 突破创新 …… 30	187. 没有正方形 …… 37
153. 对折纸片 …… 30	188. 14 根火柴 …… 37
154. 移动火柴 …… 30	189. 6 变 3 …… 38

190．拼桌面 38	225．小房子 46
191．路径 38	226．奇怪的样子 46
192．装正方形 38	227．读出日期 46
193．平面变立体 38	228．摆棋子 47
194．箱子大小 39	229．连顶点 47
195．小鸭变小鸡 39	230．切点 47
196．3个正方形 39	231．连点画方 48
197．1－3=2？ 39	232．调换位置 48
198．罗马等式（1） 40	233．调等式 48
199．罗马等式（2） 40	234．送货员的路线 48
200．罗马等式（3） 40	235．摆六边形 49
201．数字不等式 40	236．相互接触 49
202．八边形变八角星 41	237．撕邮票 49
203．增加菱形 41	238．等式成立 50
204．平房变楼房 41	
205．月份符号 41	**第五部分　化繁为简** 51
206．减少一半 42	239．什么花色最多 51
207．穿越迷宫 42	240．男男女女 51
208．三色问题 42	241．隐含的规律 51
209．放皇后 42	242．最聪明的人 51
210．画三角形 43	243．字母分类 52
211．国王 43	244．包工队的酬劳 52
212．走遍天下 43	245．唐朝人的计谋 52
213．摆象 43	246．最聪明的小偷 52
214．走马观花 44	247．牙膏 53
215．巡逻 44	248．偷换概念 53
216．字母变小 44	249．正面与反面 53
217．比面积 44	250．苹果和橘子 53
218．找不同 44	251．扔石头 54
219．找规律 45	252．量身高 54
220．不同的路径 45	253．刁钻的顾客 54
221．放五角星 45	254．聪明的阿凡提 54
222．火柴悬空 45	255．小狗跑了多远 54
223．倒咖啡 46	256．聚餐 54
224．拼正方形 46	257．公交车相遇 55

258．需要买多少 55
259．铺轮胎 55
260．火柴棒问题 55
261．盲人分袜 55
262．养金鱼 55
263．谁是预言家 56
264．没有坐在一起 56
265．大学里的孩子 56
266．再次相遇 56
267．谁是金奖 57
268．哪种方式更快 57
269．怎么算账 57
270．收废品 57
271．灯泡的容积 58
272．最简单的方法往往最有效 58
273．赚了多少钱 58
274．分苹果 59
275．分羊 59
276．巧断讹诈案 59
277．酒精和水 59
278．卢浮宫失火 59
279．扑克占卜 60

第六部分　发挥想象 61

280．难以模仿 61
281．穿反的 T 恤 61
282．借据回来了 61
283．丢失的钻石 61
284．解绳子 61
285．国王的难题 62
286．金属棒上的图书馆 ... 62
287．谜团 62
288．空中对战 62
289．谁更有利 63
290．折纸 63

291．操纵汇率 63
292．三个正方形 63
293．转了多少圈 64
294．沙漏的悖论 64
295．环球旅行 64
296．移动水杯 64
297．莫比乌斯带 64
298．奇妙的莫比乌斯带 ... 64
299．交叉的莫比乌斯带 ... 64
300．切西瓜 65
301．魔术 65
302．双胞胎转圈 65
303．转圆环 65
304．各转了几圈 65
305．绝望的救助 65
306．分析罪犯 66
307．一只猫毁了一个指挥部 66
308．日本人巧探大庆油田 66
309．寻求真相 66
310．奇怪的大钟 67
311．填空题目 67
312．第 9 张牌 67
313．盒子与锁 67
314．扑克牌数字游戏 68
315．猜扑克牌 68
316．菱形扑克阵 68
317．放错的扑克牌 69
318．扑克牌的分类 69
319．猜牌游戏 69
320．判断开关 69
321．戴眼镜 69
322．只需回答 69
323．挑战 70
324．通货膨胀 70
325．10 个太阳 70

326. 太阳变风车 70
327. 没有重力 70
328. 谁做得对 70
329. 画中的人 70
330. 奇怪的举动 71
331. 钟摆问题 71
332. 过河 71
333. 何时成立 71
334. 奇怪的时间 71
335. 影子大小 71
336. 电梯 71

第七部分 学会变通 72

337. 旅行家的见闻 72
338. 亲兄弟 72
339. 牙医 72
340. 同一速度 72
341. 挑选建筑师 72
342. 超车 72
343. 怎样把水烧开 72
344. 什么关系 73
345. 买不起 73
346. 不可思议的答案 73
347. 解救女儿 73
348. 钻石窃贼 74
349. 有意思的钟 74
350. 念课文 74
351. 摆放镜子 74
352. 填空题 74
353. 不准的天平 75
354. 拉绳子 75
355. 确定开关 75
356. 长工的佣金 75
357. 赊玉米 75
358. 巧分大米和小麦 75

359. 哪天请假 75
360. 放大镜的局限 76
361. 饲养员的计谋 76
362. 没有工作 76
363. 是天堂还是地狱 76
364. 谁在前面 77
365. 商品中的发散思维 77
366. 伏特加 77
367. 设计错误 77
368. 小房间 77
369. 机智的老板 78
370. 换不开 78
371. 买到假货 78
372. 换牌逻辑 78
373. 兄弟俩 78
374. 遗产 79
375. 三枚硬币 79
376. 数数比赛 79
377. 牛吃草 79
378. 发牌 79
379. 喝果汁 79
380. 喝茶 79
381. 训练牧羊犬 79
382. 水杯的大小 80
383. 过河 80
384. 跳远 80
385. 找宝箱 80
386. 不消失的字 80
387. 拼车 80
388. 平行线 80
389. 调钟 80
390. 移动线段 81

第八部分 策略思维 82

391. 抢报35游戏 82

392．赌命游戏 …………………… 82	415．村口的一排树 ……………… 88
393．海盗分金 …………………… 82	416．谁没有输过 ………………… 88
394．骰子赌局 …………………… 83	417．巧胜扑克牌 ………………… 89
395．报数游戏 …………………… 83	418．没有出黑桃 ………………… 89
396．小魔术 ……………………… 83	419．猜纸片 ……………………… 90
397．怎样取胜 …………………… 83	420．该怎么下注 ………………… 90
398．聪明程度 …………………… 84	421．不会输的游戏 ……………… 90
399．聪明的弟子 ………………… 84	422．蜈蚣博弈的悖论 …………… 91
400．滚球游戏 …………………… 84	423．酒吧问题 …………………… 91
401．损坏的瓷器 ………………… 85	424．花瓣游戏 …………………… 91
402．意想不到的老虎 …………… 85	425．倒推法博弈 ………………… 92
403．罪犯分汤 …………………… 85	426．将军的困境 ………………… 92
404．巧过关卡 …………………… 86	427．分遗产 ……………………… 92
405．古老的堆物博弈 …………… 86	428．理性的困境 ………………… 93
406．有病的狗 …………………… 86	429．纽科姆悖论 ………………… 93
407．纸牌游戏 …………………… 86	430．如何选择 …………………… 93
408．摔跤比赛 …………………… 87	431．是否交换 …………………… 94
409．走独木桥 …………………… 87	432．与魔鬼的比赛 ……………… 94
410．急中生智 …………………… 87	
411．过河（1） …………………… 87	**答案** ……………………………… 95
412．狼牛齐过河 ………………… 87	
413．过河（2） …………………… 88	**参考文献** ……………………… 164
414．动物过河 …………………… 88	

第一部分 突发奇想

1. 越狱
一位国际间谍被判终身监禁，关在一所监狱中，监狱为其安排了一间带有卫生间的单人牢房。牢房里的条件不错，有床和书桌，还有淋浴设施和抽水马桶。可是两年后的一天，狱警发现他越狱逃跑了，并在床下发现了一条长达20多米的地道。据估算，挖这条地道需要挖出将近10吨的土，可是狱警在牢房里一点土都没有发现。当然，间谍没有得到外面其他人的帮助。你知道那些土放到哪里去了吗？

2. 比萨斜塔
小明去参观著名的比萨斜塔，回来之后给同学们展示了他站在斜塔旁边的照片，可是，即使有地面和小明在旁边作对照，同学们也看不出照片中的塔是倾斜的。你知道这是怎么回事吗？

3. 倒硫酸
硫酸有强烈的腐蚀性，所以在倒的时候需要格外小心。一次，小明需要5升硫酸，但是实验室里只有一个装有8升硫酸的瓶子，这个瓶子上有5升和10升两个刻度，请问他该如何准确地倒出5升硫酸呢？

4. 氢气球
在一个晴朗的夏日，小明将一只红色的气球和一只白色的气球中充入同样多的氢气，然后同时放开手。你知道哪个气球会上升得更快吗？

5. 一艘小船
海边一个渔民家有三口人，即爸爸、妈妈和儿子，三人都有可能出海，不过家里只有一艘船。平时为了防止船漂走，会用一根铁链将船锁在岸边的一个柱子上。现在家里每个人都有一把U形锁，且每把锁只有一把钥匙。请问三人该如何锁船，才能确保每个人都可以单独打开和锁上这艘船呢？

6. 孙膑与庞涓吃饼
一天，鬼谷子想考验一下两个弟子孙膑与庞涓的智力。他拿出5个饼放在桌上，让他们两人取着吃。规则是：每人一次最多拿2个饼，并且拿的饼全部吃完后才能再拿。鬼

优等生必学的发散思维 —— 培养创新意识

谷子刚说完,庞涓就迫不及待地拿了2个饼。请你想一想,如果孙膑想取得胜利,该如何吃饼呢?

7. 首因效应

一名新闻系的毕业生正急于找工作。

一天,他到某报社与总编进行如下对话:

"你们需要一名编辑吗?"

"不需要!"

"那么记者呢?"

"不需要!"

"那么排字工人、校对呢?"

"不需要,我们现在什么空缺也没有了!"

"那么,你们一定需要这个东西。"

说着他从公文包中拿出一块精致的小牌子,上面写了几个大字。

总编看了看牌子,微笑着点了点头,说:"如果你愿意,可以到我们广告部工作。"

你知道这名毕业生在牌子上写了什么吗?

8. 开玩笑

星期天,阿飞骑着自行车去公园玩。公园里有很多孩子,有的在放风筝,有的在玩滑板,有的在捉迷藏……阿飞突然觉得肚子不舒服,就用钢圈锁锁住车子的前轮,然后进了厕所。

过了5分钟后,他出来却发现自己的自行车不见了。旁边玩耍的孩子们笑嘻嘻地看着他。他知道一定是这些孩子中某个人的恶作剧。

你知道是哪个孩子做的吗?他是如何做到的?

9. 比赛

一天,柯南和怪盗基德在商场一层的大门口不期而遇。

"好巧啊,你在这里干什么?"基德问柯南。

"是啊,好巧。我要去地下三层车库中的车里取我的笔记本。你呢?"

"我也是啊,不过我的笔记本在三楼超市的储物柜里。要不我们来比赛吧,不许乘电梯,看谁先拿到东西,回到这里。"

"你休想骗我,我还不知道你的把戏。"柯南说。

说着柯南拆穿了基德。你知道基德的把戏是什么吗?

10. 桥的承受能力

一名杂技演员去表演节目,路上要经过一座小桥。小桥只能承受100千克的重量。而杂技演员的体重为80千克,他还带着3个各重10千克的铁球。总重量明显比桥的承受能力高,该怎么办呢?杂技演员灵机一动,想出了一个好办法。他把3个

小于100千克

球轮流抛向空中,这样每时每刻总有一个球在空中,那么他就可以顺利过桥了。请问如果这样做,桥能支撑得住吗?

11. 丢失的螺丝

一位司机开着车去见朋友,半路上忽然有一个轮胎爆了。他把轮胎上的4个螺丝拆下来,然后从后备厢里把备用轮胎拿出来时,却不小心把这4个螺丝都踢进了下水道。

请问:司机该怎样做才能使轿车安全地到达附近的修车厂呢?

12. 消失的邮票

王老先生家里有一枚珍贵的邮票。春节将至,王老先生打算去300千米外的北京看望女儿一家。他在途中被一伙垂涎他的邮票已久的劫匪绑架了。劫匪知道,王老先生独自一人居住,去看望女儿不可能把那么珍贵的邮票留在家中,必定随身携带。

"要想保命,就乖乖地把邮票交出来。"劫匪的头目威胁说。

"我没有随身携带。"王老先生回答说。

"骗谁啊!你家里没人怎么可能把邮票留在家中!"

"既然你们不信,那就搜好了。"

一个劫匪搜遍了王老先生的箱包口袋,只找到一些衣物、洗漱用品、几百元钱,以及一张女儿寄给他的明信片,上面有女儿家的地址。

小劫匪指着明信片上的邮票问头目:"是明信片上贴着的这张邮票吧?"

"你傻啊,那么重要的邮票,你会把它贴明信片上吗?那只是一张再普通不过的邮票,不值钱。我们要的邮票只有它的一半大小,上面有一条龙。"

"那没有了,他不会真的留在家里了吧?"

劫匪们又仔细地找了一遍,还是一无所获。你知道王老先生把邮票藏在哪里了吗?

13. 12÷2=7?

在什么情况下可以得到12的一半是7呢?(当然,算错的情况不算。)

14. 称重的姿势

一个人用四种姿势称自己的体重,哪种姿势最准确?是蹲在体重计上、双脚站立、单脚站立还是直挺挺地平躺着呢?

15. 怎么摆放最省力

有一个人蹬三轮车去送货,发现有三种方法摆放货物:都堆到靠近自己的这边,都堆到远离自己的一边,把货物均匀地平摊到三轮车上。哪种方法最省力呢?

16. 仆人的难题

漂亮的别墅里有一个聪明的仆人,她深得主人的喜欢。有一天,她在楼上擦洗一个皮球时,不小心让皮球滚下楼去。皮球蹦蹦跳跳正好跳到楼下铺满地毯的客厅中间了。主人走过来对仆人说:"不准你踩着地毯,不准你使用任何工具,不用别人帮忙你能把皮球从客厅中间拿出来吗?"

"那我不踩地毯,爬进去拿行吗?"仆人望着屋子正中地板上铺的6平方米大的地毯说。

"不行。"主人答道。

"我知道该怎么做了。"仆人眼珠一转,突然有了主意。她用自己想出的办法,按主人的要求取出了皮球。

请你想一想,她是怎样做到的?

17. 判断材质

两个空心球,大小及重量相同,但材料不同,一个是金,一个是铅。空心球表面涂有相同颜色和材质的涂层。现在要求在不破坏表面涂层的条件下用简易方法指出哪个是金的,哪个是铅的。

18. 如何开宾馆门

某活动组12个人到外地去考察,住了某宾馆的12个房间,已知每个房间有两把钥匙。由于工作关系,大家都是单独行动的,但是这12个人随时可能需要别人的数据,于是大家约定把数据都放在自己的房间里。

在临行前,组长说:"在外出作业期间,我们12个人一起回来是不可能的,如果有组员回来需要查看别人的资料就困难了。"现在怎样才能使任何一个人回来都能打开任意一个人的房间呢?

19. 邮寄物品

赵工程师根据自己子公司的需要,为对方制作了一个长1.7米、直径3厘米的管状零件,想要通过邮局寄过去。但是邮局根据上级的命令,现在只能寄送长、宽、高都不超过1米的物品。邮局工作人员看了赵工程师的物品后深表同情,但表明只能按规定行事。情急之下,赵工程师想出了一个办法,邮局人员看后就同意帮他邮寄了。你知道他想出了什么办法吗?

20. 8个三角形

想要用2根火柴拼出8个三角形,你能做到吗?(不准把火柴折断)

21. 拉断一根绳子

我用一根细绳子系住一本很重的书上。我拉住绳子的上、下两端,问一个朋友哪端的绳子会先断。我的朋友回答是上面的绳子。于是我开始拉它们,结果下面的绳子先断了。你知道我是怎么控制,能让绳子的任意一端先断的吗?

22．发明

你能发明一种东西可以溶解世界上所有的东西吗？

23．加热还是冷冻

有一个人想把一个铁环套到一个盘子上，可盘子的直径正好和铁环相同。有人说："如果把铁环加热，热胀冷缩，铁环会把里面的孔挤小。这时我们就把铁环套上去，然后把它放到冰箱里冻一会儿就好了。"他说得对吗？

24．动动数字

1001－103=1，如何移动一个数字，让等式成立？（不允许移动运算符号）

25．坐板凳

某个幼儿园有 16 个板凳，依次为 1 号、2 号、3 号……16 号。本来 16 个小朋友坐的挺好的，但是突然有一天幼儿园新来了 1 个小朋友。这时候教师没在，小朋友们就想怎样能让 17 个人都有板凳坐。有一个聪明的小朋友想出了个办法：先让两个小朋友一起坐在 1 号板凳上，然后把其余小朋友按顺序依次分配。于是，1 号板凳上坐了两个小朋友；3 号小朋友坐在 2 号板凳上；4 号小朋友坐在 3 号板凳上……16 号小朋友坐在 15 号板凳上。最后，再把最先安排的 17 号小朋友安排在还空着的 16 号板凳上。这样，皆大欢喜，每个小朋友都有自己的板凳了。

这可能吗？

26．小气的皇帝

有个开国皇帝得到了天下，按理说应该分封忠臣，但是他惜土如金，不想多给忠臣一寸土地。有个忠臣按法律应该分得一块正方形的土地，南北 100 米，东西也是 100 米。皇帝想了想后，就按法律给了忠臣一块土地。这个忠臣高兴地回了家，发现皇帝是按法律给的土地，但土地的面积是 5000 平方米，而不是 1 万平方米，其余 5000 平方米土地呢？

27．4 个三角形

用 3 根火柴很容易摆一个等边三角形。现在有 6 根火柴，怎样可以摆成 4 个一样的等边三角形呢？

28．11 变 6

在罗马字母 XI（11）上加一笔，使其成为 6，但是不能折叠纸。

29．调时钟

某城市的正中央有一个大钟，每到整点时便会敲响报时，比如：1 点会敲 1 下，12 点会敲 12 下，而相邻两次的钟声间隔为 5 秒。这天晚上 12 点，住在大钟旁边的小丽，想要根据大钟的声音调自己家的时钟，她数着大钟的响声，当敲到第 12 下的时候，她把自己的表准时按到 12：01。请问她的钟表时间是正确的吗？

30．智救画家

有一个画家在河边写生，他为了能更好地表现风景，把画架放好后，边后退边想着怎样把景色画出来。一个路过的聋哑人看到他马上就要倒退到河里了，非常着急，可是自己比画来比画去，画家却不明白他的意思，还是自顾自地往后退。情急之下，聋哑人想了一个办法，画家就赶紧从河边跑开了，你知道他用了什么办法吗？

31．盲打扑克

两个象棋大师可以在浴室一边冲澡一边大喊"炮八平五""马八进七"，等洗完澡，一盘精彩的棋局或许就结束了。棋类游戏之所以可以"盲下"，就是因为在棋类游戏中，双方的局面信息都是完全公开的。

现在两个人想通过一部电话打扑克牌，但他们都不信任对方。打扑克牌和下棋不一样，各人在开局时并不知道对方手里有哪些牌。如果你说出方块A，你如何证明自己手里有方块A？或者如何在牌局结束后证明自己没有作弊？有没有可能仅通过一部电话实现某种扑克牌协议，该协议不仅能够实现随机的、隐蔽的、公平的发牌，而且不需要其他东西的帮助，并且保证游戏的公正性呢？

32．换牌

A、2、3、4、5，5张扑克牌按顺序摆成一排，每相邻的4张可以两两互换位置。怎样用三次互换使其变成5、4、3、2、A的顺序呢？

33．从长方形到正方形

现有扑克牌12张。要求用这些扑克牌同时组合出多个正方形，但是不能折扑克、重叠扑克和剪断扑克。你能组合出多少个正方形？

34．最省钱的算命方法

有个人马上要进京赶考，又刚刚认识当地一个员外的女儿，加上母亲身体很不好，以及姐姐的婚姻很不幸福，这四件事情让他心力交瘁。

在一个天气不错的上午，他遇到一位算命先生，先生的招牌上写着："每问一个问题要5文钱。"

他身上只有16文钱，所以他对算命先生说："是不是每个问题都算一问？"

算命先生说："是的。"

他接着说："不管问题多短都算一问？"

算命先生回答："是的。"

他又说："如果我这一问中包含很多嵌套的问句是不是也算一问？"

算命先生回答："是的。"

于是他苦思冥想,想找出一种最省钱的提问方法把自己的四个问题都问完。

请问,他最终能如愿以偿吗?

35．入睡与醒来

有一个问题一直困扰着我,一个人从出生到现在,究竟是入睡的次数多呢,还是醒来的次数多? 又多了多少呢?

36．雷击事件

小明和小红在野外游玩,遇上大雨,天上电闪雷鸣十分恐怖,野外又没有避雨的地方。小明指着前面的一棵树说:"我们去那棵树下躲雨吧,昨天刚有个人在那棵树下被雷劈了。根据概率,一个地方被雷劈两次的概率几乎为零。所以我们在那里是安全的。"请问,这种说法正确吗? 为什么?

37．颠倒是非

什么东西能够左右颠倒但是不能上下颠倒? 为什么?

38．如何计算

下面这个算式,如何计算可以又快又准呢?

$1 \times 2 \times 3 \times 10 \times 15 \times 30 = ?$

39．奇妙的数列

如图1-1所示,这个数列很奇妙。需要注意的是,最后一个圆圈里是"7"而不是"8"。你能找出它的规律吗? 并填上问号处空缺的数字。

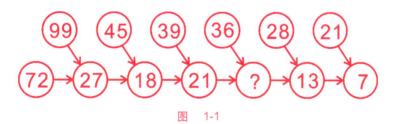

图 1-1

40．捉小鸟

地上有一个深10米、直径为10厘米的小洞。一只小鸟钻了进去。请问你用什么办法可以不伤害小鸟并捉住它呢?

41．画线

爸爸对小明说:"我就站在这里,画上一条线。你却需要几天几夜才能走完。你相信吗?"

小明不相信,可爸爸真的做到了。你知道爸爸是如何画的吗?

优等生必学的发散思维 —— 培养创新意识

42. 摆脱鲨鱼

一天,汤姆和女友乘坐一艘游艇出海钓鱼。突然,一条鲨鱼围着他们的游艇转。他们无法开动游艇,否则很可能被鲨鱼撞翻。汤姆安慰手足无措的女友说:"没关系,只要它游累了,就会去睡觉的。我们可以趁它睡觉的时候离开。"

请问,他们这样会摆脱鲨鱼吗?

43. 小孩过河

在北方的一个小镇上,有一个5岁的小男孩,在儿童节这天,他想去河对岸的同学家玩,可是这条河宽2米,河上又没有桥,小男孩也跳不过去。也就是说,凭他自己的力量是不可能过去的。可是为什么仅仅过了几个月,他就能轻轻松松地过河了呢?

44. 邮箱钥匙

王先生在外地出差,突然接到家中妻子的电话,称自己家门前的邮箱钥匙被他带走了。正好这几天有一封很重要的信要到,希望王先生能把钥匙送回。可是王先生公事没有办完,还要在外地耽搁一个星期。终于他想到了一个好主意,可以把钥匙放在信封里邮寄给妻子。可是过了2天,信到了以后,妻子打电话来说她还是打不开邮箱。你知道这是为什么吗?

45. 新建的地铁

某市的第一条地铁建成通车了。首日运行这天,地铁工程师给乘客们讲解地铁的情况:"我们这条线路,有大约800米是没有铁轨的。"大家一听都吓坏了,疑惑地问:"那不是很危险吗?"地铁工程师笑着对大家说:"没关系,大家不用担心。"

你知道到底是怎么回事吗?地铁为什么有800米没有铁轨还没有危险呢?

46. 买镜子

小明的妈妈想买一面可以照到全身的穿衣镜,你知道她应该买一个至少多高的镜子吗?

47. 倒水

对于啤酒瓶大家都很熟悉。现在有一个装满水的啤酒瓶,想把里面的水倒出来。下面有四种方法,你认为哪种方法倒水的速度最快呢?

(1) 瓶口朝下,直立放置,静等水流出。
(2) 瓶口朝下,直立放置,上下用力晃动。
(3) 瓶口朝下,倾斜放置,静等水流出。
(4) 瓶口朝下,倾斜放置,规律地旋转摇动。

48. 平分油

有两个不规则但大小、形状、重量都完全一样的塑料油壶,一个油壶中装有大半壶油,另一个油壶是空的。在没有称量工具的情况下,如何用最简单的办法平分这些油?

49．飞上月球

一只鹦鹉听到两名宇航员谈论说月球上的重力只有地球的 1/6，一个跳高运动员可以很轻松地跳出比地球上高得多的成绩。然后它就在想，如果自己到了月球，一定可以比天上的老鹰飞得还高。

你觉得这可能吗？

50．房间的亮度

小明家有两个一样大的房间，一个房间装着一盏 200 瓦的灯泡，一个房间装着两盏 100 瓦的灯泡，请问哪个房间更亮一些？

第二部分　打破常规

51．住院

汤姆是一个赌马迷，每期必买。一次，他刚买完一张赌马券就因为心脏病住院了。这次他病得很严重，医生为他做了手术，两个星期后他才清醒过来。汤姆马上找来当天的报纸，和自己口袋里的赌马券对比，他惊喜地发现竟然和自己买的一模一样。汤姆兴冲冲地赶去领奖，但对方却拒付给他。你知道这是为什么吗？

52．乐队

在一个交响乐队中，有一个器械不是用来吹拉弹拨的，但是没有它乐队就无法演奏。你知道这是什么东西吗？

53．买东西

一种东西，买一个给 7 元，买两个给 4 元。这是怎么回事？

54．感谢服务员

一个顾客走进酒吧，向服务生要了一杯水。服务生却没有给他，而是戴上面具，拿着一把枪出现在他面前。顾客谢了谢服务生，没有喝水就离开了酒吧。请问这是为什么？

55．若无其事

在海拔 1000 米的高度，一架直升机在空中盘旋。这时，一个人从飞机上跳了下来，却没有带降落伞。落地后，他居然若无其事地走了。请问这是为什么？

56．花纹一样（1）

我们平时玩的扑克牌中，有几张翻过来后和原来的花纹是一样的？

57．花纹一样（2）

我们平时玩的扑克牌中，有哪几张旋转 180°后和原来的花纹是一样的？

58．奇怪的汤姆

汤姆每天早上都带着课本去学校，但是他从来不做家庭作业，每次考试的时候他都是东张西望，也从来没有得过高分，却从来没有人批评他。你知道这是为什么吗？

59．抓阄洗碗

一家有三个孩子，他们每天抓阄来决定谁洗碗。他们找来两张背面一样的纸片，一张写着"洗碗"，一张写着"不洗"。然后倒扣在桌子上，每天三人轮流抽出，谁抽中"洗碗"谁就去洗。请问这种抓阄方法公平吗？对谁更有利呢？

60．休假的女警

一位女警在休假的时候看到一个男子正在砸一户人家的门锁，可是他用了半天力也没有成功。最后，男子打破了旁边紧锁的窗户并钻了进去。请问，女警为什么没有阻止也没有报警呢？

61．奇怪的物种

有一种动物，即使你把全世界的这种动物都杀死，用不了两年，它还会出现。你知道这是什么动物吗？

62．辨别方向

一天，几名地质队员在一片亚热带丛林中探索。其中一名队员由于受伤掉队了。走了很久，他发现自己迷路了，而他的指南针、地图等东西都在其他队员身上。他要赶上队伍，就必须知道方向，可是现在是阴天，根本无法根据太阳的位置分辨南北。周围到处都是高大的树木、低矮的灌木，还有被砍伐的树桩。这名经验丰富的队员马上找到了一种可以分辨南北的方法。

你知道他用的是什么方法吗？

63．超级透视

一位会透视的魔术师看着一张扑克的背面说："虽然只有上半部能透视，但能看到有两个黑桃。"这是一张极平常的扑克，那么那张扑克是黑桃几呢？

64．假话

有一个小孩很不诚实，经常说假话。有一天他妈妈批评了他，他说："我每句话里都有假话；如果不让我说假话，我根本说不成话。比如我说的这段话里，就有4句假话。"

你知道他的话里，假话都在什么地方吗？

65．最轻的体重

小丽现在的体重是80千克，她因此经常遭到别的女生嘲笑。但她却说："别看我现在有80千克重，可是我最轻的时候，还不到3千克。"大家想一想，小丽的这句话有可能吗？

66．语速

小明说话的语速比较特殊，他读"荷塘月色"几个字需要4秒，读"三字经"几个字需要3秒，读"海燕"需要2秒，读"史蒂夫·乔布斯传"几个字需要7秒。那么他读"巴黎圣母院"几个字需要多长时间？

67．有贼闯入

一天晚上，有个小偷闯入了侦探小五郎的家中，想要偷取他放在保险箱中的一份重要资料。小偷先用万能钥匙轻松地打开房门，然后打开灯，四处寻找保险箱的位置，终于在墙角一扇隐蔽的柜门后面发现了保险箱。正在他努力开保险箱的时候，突然听到有人开门的声音。小偷眼疾手快，关掉电灯，自己躲在了衣柜里，整个过程没有发出一点声音。

原来是小五郎回到了家中，只听小五郎打开灯，大声地说："出来吧，我知道你在里面。"

小偷一看事情已经败露，只好快快地走了出来，不免好奇地问："你是怎么知道我在里面的呢？我没有留下什么痕迹，也没有发出声响啊！"

"哈哈，是那个闹钟告诉我的！"说着用手指了指床头柜上的一只闹钟。小偷这才恍然大悟。

请问，你知道那只闹钟是如何告诉小五郎有贼闯入的吗？

68．兄弟俩

有兄弟两人一起养了十几头牛。一天，他们决定去集市上把所有的牛都卖掉，改养羊。牛的单价与他们养的牛的头数相同。卖完以后，他们用所得的钱买了若干只绵羊，每只绵羊用10个金币。又用剩下的不足以买绵羊的钱买了一只山羊。回到家后，两人因为小事吵了起来，决定分家。将所有的绵羊平分以后，发现还剩下一只。这只绵羊归了哥哥，而弟弟拿走了那只山羊。但是由于山羊比绵羊便宜，所以哥哥需要给弟弟金币赔偿。你知道哥哥需要给弟弟多少个金币吗？

69．猜数字

有一个整数数字为1～36；它是个奇数，可以被3整除；个位数与十位数相加后，和为4～8；个位数与十位数相乘积也为4～8。

你知道这个数字是几吗？

70．这可能吗

一个年轻人对别人说："前天我17岁，但今年我将会19岁。"请问，这可能吗？

71．至少几个人

小明要办个聚会，他邀请了他父亲的姐夫，他姐夫的父亲，他哥哥的岳父，他岳父的哥哥。请问他最少邀请了几个人？

72. 吝啬鬼的遗嘱

美国有一个吝啬鬼,他一生积攒了很多钱,却从不肯给别人花。死了之后,他在遗嘱中表明要将他的钱与他一起火化。

法官在宣读遗嘱的时候觉得这条不合情理,便想了一个办法使得既没有违反遗嘱的规定,又让他的亲属继承了这份遗产。

你知道法官是如何做的吗?

73. 宋清卖药

长安城里有一位众人皆知的药商叫宋清。宋清待人忠厚,药的质量也好。

宋清收购药材很严格。凡是到他这里来卖药材的都知道宋清的人品好,价格合理,而且对送药材的人十分客气,热情地款待他们,请他们吃饭,远道来的还安排在自己家里休息过夜。所以,采药人都争先恐后地到他那里卖药。

宋清的药好,来他这里买药的人自然也很多,他配的药从没有出过一点儿差错,人们都很信任他。宋清卖药时如果对方一时无钱付账,可以欠账,宋清总是说:"治病救人要紧。什么时候有钱了,再送来就是了。"

人们因此十分赞赏他的人品。有的人家药费拖了一年,仍无钱付账,宋清也从不上门讨账。每到年底,宋清总要烧掉一些还不起钱的欠条。

有人对此颇不理解,说:"宋清这人一定是脑袋有问题,否则怎么会办那样的傻事?"

你知道宋清为什么会这样做吗?

74. 什么关系

一天警察小张在街上看到局长带着个孩子,于是和局长打招呼:"王局长,这孩子是你儿子吗?"王局长回答说:"是的。"

小张又问小孩:"孩子,他是你父亲吗?"

孩子回答:"不是。"

两个人都没有说谎,你知道这是怎么回事吗?

75. 老人与小孩

一位老人在一个小乡村里休养,但附近住着一些十分顽皮的孩子,他们天天互相追逐打闹,叽叽喳喳的吵闹声使老人无法好好休息,在屡次警告未果的情况下,老人灵机一动想出了一个办法,终于使孩子们不吵了。

你知道他是怎么做的吗?

76. 吹牛

张三和朋友吹牛说:"有一次,我和朋友去非洲旅行。和朋友打赌,蒙着眼睛在一条只有1米宽、两边都是悬崖的小路上走100米。结果我一点都不慌张,一步步走完并取得了胜利。"朋友笑笑说:"少吹牛了,那有什么难的,连小孩都能做到!"

你知道朋友为什么这么说吗?

77. 聪明的男孩

有一个小男孩,一天妈妈带他到杂货店去买东西,老板看到这个可爱的小男孩,就打开一罐糖果,要小男孩自己拿一把糖果。但是这个小男孩却没有拿。

几次的邀请之后,老板亲自抓了一大把糖果放进他的口袋中。

回到家中,妈妈好奇地问小男孩,为什么没有自己去抓糖果而要老板抓呢?

你知道小男孩是怎么回答的吗?

78. 走私物品

彼得的工作是在边卡检查入境车辆是否携带了走私物品。

经过一段时间的观察,他发现有个看上去很有钱的人每天都会开着一辆宝马车入境,车上只有一大包不值钱的棉花。

彼得每次都会叫住他,仔细检查他的棉花包,看其中是否携带了什么贵重物品,但每次都一无所获。多年的经验告诉他,这个人一定在走私什么物品,只是苦于没有证据。

你知道这个人走私的是什么吗?

79. 煎鸡蛋的时间

明明家有一个煎鸡蛋的小锅,每次可以同时煎两个鸡蛋,每个鸡蛋必须要把正反两面都煎熟。我们已经知道把鸡蛋的一面煎熟需要两分钟。有一天,明明和爸爸的对话如下。

爸爸:"煎熟一个鸡蛋最短需要几分钟?"

明明:"正反面都需要煎熟,所以需要4分钟。"

爸爸:"煎熟两个鸡蛋呢?"

明明:"我们的锅可以同时煎两个,所以还是最少需要4分钟。"

爸爸:"那三个呢?"

明明:"8分钟啊,前4分钟煎好前两个,再用4分钟煎第三个。"

但是爸爸说不对,可以用更少的时间就能煎好三个鸡蛋。你能想明白煎三个鸡蛋最少需要几分钟吗?

80. 打麻将

李主任带自己的同事王主任回家,看到小明在看电视。就问他:"你吃饭了吗?"小明说:"你爸爸和我爸爸都去打麻将了,根本没有人给我做饭。"王主任问李主任:"这小孩子是谁?"李主任说:"他是我儿子。"那么小孩提到的两个人分别是李主任的什么人呢?

81．趣味组合

三名同学在校医院门口相遇了,他们都从排队号码机里拿了一个号,等着看医生。甲拿的是 1 号,乙是 2 号,丙是 6 号。甲看着三个人的号码,突然兴奋地说:"把我们三个人的号码排一下,能排出个可以被 43 整除的三位数。"乙看了看也表示同意,只有丙不知道该怎么排,你能告诉他吗?

82．吃饭

小红和小丽姐妹俩为了吃完饭能马上看电视,每次吃饭的时候都拼命地尽快吃完,这让她们俩的胃都不太好。妈妈非常担心,在多次劝告没有用的情况下,就对她们说:"现在你们俩做一个比赛,谁碗里的饭最后吃完,我就给她个奖励,带她出去买一身新衣服。"妈妈以为这样能慢慢培养她们细嚼慢咽的习惯,没想到两人吃得更快了。你知道这是为什么吗?

83．双胞胎

两个小孩一前一后快乐地走着,每人手里拎着一袋糖果,有人看到两人长得很像,就问前面的那个小孩:"你们是双胞胎吗?""是的。""后面那个是你的弟弟吧?""是的。"他又问后面的那个人:"前面那个是你的哥哥吗?""不是。"

请问,这到底是怎么回事呢?

84．书虫啃书

书架上并排放着一套线装古书,书脊朝外,左边是第二卷,右边是第一卷。这两卷书的正文书页总厚度都是 3 厘米,封皮、封底的厚度都是 2 毫米。

假如有一只书虫从第一卷的第一页开始啃书,直到啃到第二卷书的最后一页,那么,这只书虫一共啃啃了多长的距离?

85．长颈鹿吃树叶

有一头长颈鹿在吃一棵树上的树叶。其中有一片树叶,白天时长颈鹿会咬一口,咬掉 3 厘米,晚上这片树叶又会长出 2 厘米,这片树叶的总长为 10 厘米。请问长颈鹿几天可以吃掉这片树叶?

86．冰球比赛

在一次冬奥会冰球比赛上,加拿大队最后的一场小组赛,必须净胜对手 3 分才能够出线。在比赛即将结束的时候,加拿大队只领先对方 1 分,但是时间显然不够了。这时,如果你是教练,你肯定不会甘心认输,如果允许你有一次暂停机会,你会给场上的队员出个什么主意,才有可能赢对手 3 分以上?

87．除几次

16 能被 2 除几次?

88．生物课

上生物课的时候，小明得意扬扬地坐在那里，老师觉得有点奇怪，便问道："小明，你为什么这么得意呢？"

小明自豪地回答说："我知道有一样东西，它有四条腿和两只手臂。"

老师绞尽脑汁想了半天还是没有猜到是什么。你知道小明说的究竟是什么吗？

89．爷爷有几个孩子

小明的爸爸是小红的妈妈的哥哥。有一天，小明说："我的叔叔的数量和我的姑姑的数量一样多。"而小红说："我的舅舅的数量却是小姨的数量的 2 倍。"你知道小明的爷爷有几个儿子、几个女儿吗？

90．猜数字

有一个数字，去掉第一个数字是 16，去掉最后一个数字是 90，请问这个数字是多少？

91．赢家

一个俱乐部的成员玩一个游戏：从 90 个竖排抽屉里找出藏的东西。大家发现，不管谁上场比赛都赢不了小张。有人问小张时，小张说："我有诀窍。"你能想到他是用什么诀窍赢得比赛的吗？

92．刻舟求"尺"

小香一家去海边游玩，她第一次看到海，非常兴奋，特别是看到涨潮落潮时，简直看得入了迷。她很想知道，涨潮时每小时海水上涨了多高。于是，她想了一个办法：在一条木舟的船身上刻上一个 2 米长的尺子。把舟放到水里，记下这时候水面在尺子上的"刻度"为 10 厘米处。她想涨潮时，带上表计时，每小时读一个度数，就能知道一小时涨潮涨多高了。

请问，她能做到吗？

93．木匠家的婚礼

有个木匠要给儿子娶媳妇，他请了 40 个客人，打算在婚礼那天自己做四张桌子，用来宴客。木匠为每张桌子设计了 4 条腿，但是到婚礼的前一天，他才发现现在只有 12 条桌子腿，只能装好 3 张桌子。借桌子是来不及了，让 40 个人挤在 3 张桌子上也不现实，他该怎么办呢？

94．就要让你猜不到

某个小镇上只有一名警察，他负责整个镇子的治安。小镇的一头有一家酒馆，需要保护的财产价值为 1 万元；另一头有一家银行，需要保护的财产价值为 2 万元。因为分身乏术，警察一次只能在一个地方巡逻。有一天，镇上来了个小偷，他一次也只能去一个地方偷盗。就这样，两个人的算计开始了。

警察一开始想的是,银行的财产较多,小偷光顾的可能性大。在银行附近巡逻,无论如何都能够保住2万元财产,而小偷如果也到银行这里了,就可以直接把他抓住,这样就保住了3万元的财产。相比之下,守在酒馆虽然也有可能抓住小偷,保住3万元,但是更大的可能是只保住1万元而丢掉了2万元。所以,应该在银行处巡逻。

事实上,以上这样的可能性,小偷也是能够想到的,那么,他只要去酒馆行窃就总能得手。

警察当然不希望这样的事情发生。如果你是警察,你会采取什么策略呢?

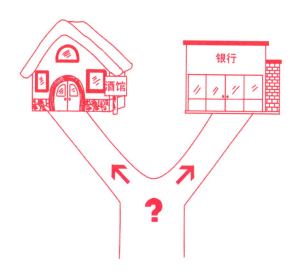

第三部分 逆向思考

95. 李白喝酒

李白去买酒,提壶街上走。
遇店加一倍,见花喝一斗。
三遇店与花,喝光壶中酒。
试问酒壶中,原有多少酒?

96. 聪明的孩子

一天,三个孩子在睡午觉的时候,被人偷偷地在脸上画了鬼脸。三个孩子醒来后,彼此看了一眼后同时哈哈大笑。不一会儿,其中一个孩子若有所思地默默走到洗手间去洗脸了。你知道这是为什么吗?

97. 买书

小明从书店买了一本书,共有200页。第3～12页这10页上有小明非常喜欢的一个故事,所以小明把它们撕了下来,收藏在自己的故事本中。这样这本书就剩下了190页。然后,小明又发现第88～107页这20页上也有一个非常精彩的故事,他把这20页也撕下来收藏起来。那么这本书还剩下多少页呢?

98. 聚会的日期

有三个人是好朋友,他们经常一起聚会。可是这三个人都有怪脾气:甲只在晴天和阴天出去,下雨天绝对不出去;乙只在阴天和下雨天出去,晴天绝对不出去;丙只在晴天和下雨天出去,阴天绝对不出去。请问这三个人能聚会吗?

99. 盲人分衣服

有两个盲人,各自买了两件一样的黑衣服和两件一样的白衣服,可是他们把这些衣服放混了,但是不久他们没有经过任何人的帮助就自己把这些衣服分开了。你知道他们是怎么做到的吗?

100．神枪手钓鱼

一位神枪手去河边钓鱼，河里有很多鱼，可是他技术不好，一条也没有钓到。他干脆拿出手枪对准河里的鱼射去。可是一连开了好几枪，依然一条也没有射到。他可是神枪手啊，这到底是怎么回事呢？

101．抓骨头

一只被2米长的绳子拴在树上的小狗，看到在离树2.1米处有块肉骨头，请问它该用什么办法才能吃到肉骨头呢？

102．灯的数量

小明家里有7盏灯，一天夜里，他关掉了5盏，请问还剩下几盏？

103．吃罐头

三兄弟合伙买了一瓶净含量700克的水果罐头，老大吃了200克，老二吃了200克，给老三留下了300克。可是老三一看剩下的罐头就生气了，你知道这是为什么吗？

104．卖给谁

下班时间到了，米贩老王有急事，准备关门。这时来了两位客人，一位要买20斤米，一位要买8斤米。而米贩还有一袋25斤的米，不够卖给两个人。而且店里只有一个可以量1斤米的斗。老王想用最短的时间完成交易后离开，请问他该把米卖给谁？

105．怪盗偷邮票

怪盗把邮票展上展出的一枚价值连城的邮票偷走了，侦探小五郎马上开始追踪，跟随怪盗来到一家旅馆，见怪盗钻进了其中一个房间。小五郎上前敲门，怪盗打开房门："原来是小五郎先生啊，找我有事吗？"

"少装蒜，快把你偷来的邮票交出来吧。"小五郎直截了当地说。

"别生气嘛！你随便搜好了，我这里根本没有什么邮票。"怪盗挥挥手，轻松地说。

小五郎环顾一下四周，这个房间不大，家具也很简单，除了开着的电视机和上面不停旋转的电风扇外没有什么电器。按理说能藏东西的地方也不多，为什么怪盗能够如此坚信对方搜不出赃物呢？你知道怪盗把赃物藏在哪里了吗？

106．愚蠢的国王

有一个愚蠢的国王，想要自己的儿子快点长大继承王位，便要求御医给他儿子吃一种马上就可以长大的药，否则就治其死罪。御医没有办法，只好答应下来。但是御医提出了两个

优等生必学的发散思维 —— 培养创新意识

条件：第一，这个药太珍贵，他需要亲自回老家一趟取回来；第二，在取药服药这段时间，国王不能见王子，否则会影响药效。国王听完想都没想就答应了他的要求。等御医回来之后，国王发现王子真的长大了。你知道这到底是怎么回事吗？当然，世界上并没有吃了就长大的药。

107. 无法入睡

一个人躺在旅馆的床上翻来覆去无法入睡，然后他起身给隔壁房间打了个电话，什么也没说，就挂断了电话。不一会儿他就睡着了。你知道这是为什么吗？

108. 移走巨石

古时候，一座山因为大雨而滑坡，一块巨石滚了下来，堵住了一条交通要道。正巧，第二天皇帝出游要经过这条路，地方官员马上组织人清理巨石。可是这块石头实在太大太重，只能一点一点凿开搬走。这样下去，到皇帝出游的时候是不可能完工的。正在这时，一名工人想出了一个好办法，很快就把巨石搬走了。你知道他用的什么办法吗？

109. 最安全的名画

有一座专门收藏世界名画的美术馆，收藏着很多大师级的名画。这些画每幅都价值连城，所以美术馆为每一幅画都投了巨额保险。但是只有其中一幅，也是一位超级绘画大师的作品，却没有投保。你知道这是为什么吗？难道不怕被盗吗？

110. 冰封的航行

在北方有一条航线，每年的冬天都会因为天气原因冰封2个月的时间。这为航运公司带来了巨大的困扰，不但经济效益受到了影响，还大大影响了居民的出行。因为在冰封的时候，人们不得已只能选择其他的出行方式。为了最大限度地减少这种情况，人们纷纷想办法缩短航道冰封的时间。你知道有什么有效的办法吗？

111. 站住不动

小明上班快迟到了，他一下公交车就马上向公司跑去。跑了一会儿，突然他站住不动了。办公室马上就到了，为什么他不跑了呢？

112. 法官的妙计

一个牧场主养了许多羊。他的邻居是个猎户，院子里养了一群凶猛的猎狗。这些猎狗经常跳过栅栏去袭击牧场里的小羊羔。牧场主几次请猎户把狗关好，但猎户不以为然，口头上答应，可没过几天，他家的猎狗又跳进牧场横冲直撞，咬伤了好几只小羊。

忍无可忍的牧场主找镇上的法官评理。听了他的控诉，明理的法官说：“我可以处罚那个猎户，也可以发布法令让他把狗锁起来。但这样一来你就失去

了一个朋友,多了一个敌人。你是愿意和敌人作邻居呢?还是和朋友作邻居?"

"当然是和朋友作邻居。"牧场主说。

"那好,我给你出个主意,按我说的去做。不但可以保证你的羊群不再受骚扰,还会为你赢得一个友好的邻居。"法官如此这般交代一番。牧场主连连称是。

你知道法官给他出的是什么好主意吗?

113. 对画的评价

从前,有一位美术系的学生精心地画了一幅画,自己认为完成得十分完美。但是他仍然想知道别人对画的评价,于是他便将画放到了图书馆的门前并且在画旁放了一支笔,附上说明:每一位观赏者,如果认为此画有欠佳之笔,均可在画中做记号。

晚上,这位学生取回了画,发现整个画面都涂满了记号。没有一笔不被指责。他十分不快,对这次尝试深感失望。

这时一位老人路过,看到了事情的经过,就对学生说:"你何不换种方法试试呢?"于是给他出了一个主意。学生照做之后,果然收到了意想不到的效果。

你知道老人给学生出的是什么好主意吗?

114. 奇怪的评分

一次考试中,全答对的人得了零分,而全答错的人却得了100分,你知道这是为什么吗?

115. 触礁

一天,一艘轮船触礁了,大约25分钟后就会沉没。轮船上备有一只可以载5人的皮划艇,从沉船到最近的小岛要4分钟。请问最多可以救几个人?

116. 漂浮的针

稻草是可以浮在水面上的,而针却不能。请问如何能让针也浮在水面上呢?

117. 聪明的阿凡提

阿凡提的聪明机智是出了名的。财主巴依经常吃他的亏,总想着要戏弄一下他。一天,巴依邀请阿凡提来自己家中吃饭。但是他在自己家房门一米高的位置上钉一块横木板,他觉得这样阿凡提进门的时候就可以向自己低头了。不一会儿阿凡提来赴宴,看到了门上钉的横木板,就知道了巴依的心思。于是他用一种巧妙的方式过去了,并没有向巴依低头。

你知道阿凡提是怎么做到的吗?

118. 倒可乐

小明坐在椅子上,小刚站在他身后并拿着一瓶可乐呈直线向小明的头上倒去,可是小明的头发上、身上、地上都没有可乐,这是为什么呢?

119. 放方糖

小明想喝咖啡,刚把方糖放进咖啡中,电话铃响了。小明赶紧跑过去接电话。十分钟后,

优等生必学的发散思维——培养创新意识

等小明接完电话回来时,方糖却一点也没有融化。你知道这是为什么吗?

120．学校的门

　　学校大厅的门被踢破了——可怜的门。门自从被安上那天起,几乎没有一天不挨踢。十五六岁的孩子正是撒欢儿的年龄,用脚开门,用脚关门,早已习以为常。

　　教导主任为此伤透了脑筋,他曾在门上贴过五花八门的警示语,诸如"足下留情""我是门,我也怕痛"之类,可是不管用。他找到校长说:"干脆换成铁门——让他们去'啃'那铁家伙吧!"校长笑了,说:"放心吧,我已经定做了最坚固的门。很快,破门拆下来,新门就可以装上去了。"

　　新门似乎很有人缘,装上以后居然没有挨过一次踢。孩子们走到门口,总是不由自主地放慢脚步。阳光随着门扉旋转,灿灿的金色洒了孩子们一身一脸。穿越的时刻,孩子们感觉到了爱与被爱的幸福。

　　你知道这是为什么吗?

121．司机的考试

　　某大公司准备以高薪雇用一名小车司机,经过层层筛选和考试之后,只剩下三名技术最优良的竞争者。

　　主考者问他们:"悬崖边有块金子,你们开着车去拿,你们觉得能在离悬崖边多远拿到金子而又不致掉落呢?"

　　"2米。"第一位说。

　　"0.5米。"第二位很有把握地说。

　　"我会尽量远离悬崖,越远越好。"第三位说。

　　你知道谁会被录取吗?

122．成人之美

　　第一次登陆月球的航天员其实共有两位,除了大家所熟知的阿姆斯特朗外,还有一位叫奥德伦。

　　当时阿姆斯特朗所说的一句话"我个人的一小步,是全人类的一大步。"早已是家喻户晓的名言。

　　在庆祝登陆月球成功的记者会中,有一个记者突然问了奥德伦一个很特别的问题:"让阿姆斯特朗先下去,成为登陆月球的第一个人,你会不会觉得有点遗憾?"

　　你知道奥德伦是如何回答的吗?

123．遗嘱

　　从前有一位农民养了很多牛,他去世前留下遗嘱:"牛的总数的一半加半头牛给儿子,剩下的牛的一半加半头牛给妻子,再剩下的一半加半头牛给女儿,再剩下的一半加半头牛宰杀后犒劳帮忙的乡亲。"农民去世后,他们按遗嘱分完牛后正好一头也不剩。

　　请问,他们各分到了多少头牛?

124. 厕所和厨房哪个更重要

麦当劳是世界上最大的快餐集团,从 1955 年创办人雷·克罗克在美国伊利诺斯普兰开设第一家麦当劳餐厅至今,在全世界已拥有 28000 多家餐厅,已成为人们最熟知的世界品牌之一。

相信很多人都去过麦当劳,不管是为了孩子还是为了自己,即使没有去过,麦当劳标志性的"M"字拱门大家也一定见过。现在向小朋友提出去吃麦当劳,一定会得到欢呼赞成。

麦当劳是如何做到这一步的呢?肯定每个人都希望学习到它的成功经验,但不管是在经营理念还是市场推广上,麦当劳值得学习的地方都太多了。能把厚厚的麦当劳文化读完,已经是一件很不简单的事情。

不妨先从麦当劳的厕所看起。麦当劳公司在它的公司手册中对厕所有非常严格的规定:第一,所有麦当劳的厕所与店面的设计风格和颜色都必须一致;第二,麦当劳会安排专门的员工实行专人、定时、保质的打扫,每个厕所后面都有一张清洁表,每过几个小时,打扫人和清洁人都要在上面签字确认;第三,对于厕所的打扫,麦当劳有极为细致的规定,如地面、台面、镜面、把手、水渍、纸篓等每个单项都分列表格,工作程序逐一完成;第四,众所周知,麦当劳的厕所不仅对顾客,还会对外方便更多大众,从某种程度上说,它还承担了一定的公厕职能,而公司要求即使在这样的情况下,依然要保持干净,不能有异味。

除了对厕所清洁的严格规定外,麦当劳还对如何清洁地面进行了严格规定,如几个小时清洁一次、清洁时使用湿墩布还是干墩布等。

对于一个餐厅来说,厨房的清洁和洗手间的清洁哪个更重要呢?

125. 聪明的守门人

某市教育局发下文件,要求本市所有中学职工减员 10%。一时间到处议论纷纷,每个人都怕裁到自己头上。一所学校的看门人却并不着急,反而在自己所在的传达室门口写上"教员休息处"五个字,并为教职员工提供免费的茶水和咖啡。你知道他为什么这么做吗?

126．巧放棋子

如果有 3 颗棋子,怎么放才能让每两颗棋子之间的距离相等?如果是 4 颗棋子,如何放才能让 4 颗棋子中每两颗棋子的距离都相等?

127．智斗强盗

小和尚出去化缘,得到 9 块碎银子,走到半路被强盗拦了下来。小和尚说:"这是要供给佛祖的,如果你中途拦下,会犯大错的。"强盗说:"如果你能按我的方法把银子放到我这 4 个袋子里,我就把袋子和银子都给你。如果你放不进去,就算是过路费了。我开山收过路费,佛祖也不会难为我的。"小和尚没办法就答应了。强盗又强调说:"把 9 块碎银子放到这 4 个袋子里,要求每个袋子都有银子,并且每个袋子里银子的个数都是单数。"

小和尚能做到吗?

128．猫吃老鼠

小猫过生日,猫妈妈给小猫准备了礼物,其中有 12 条鱼和 1 只老鼠。然后猫妈妈把这些吃的围成一圈,对小猫说:"你可以吃这些东西,但是有一个规则,你必须按照顺时针方向每数到 13,就把这个食物吃掉;然后继续数,再数到 13,并把它吃掉;以后依此类推。但是你只能在最后一个吃老鼠。你能做到吗?"

如果你是小猫,想按照妈妈定的规则吃这些食物,你应该从哪个开始数起呢?

129．排队的顺序

A、B、C、D、E、F 6 个人排成一队。已知:

(1) C 在 E 的前面;
(2) A 在 F 的后面;
(3) E 不在第 5 位;
(4) D 和 A 之间隔着两个人;
(5) B 在 E 的后面,并紧挨着 E。

请问,第 4 位是谁?

130．猜国籍

北京大学有很多来自不同国家的留学生。莉莉、娜娜和拉拉三名学生,一名是法国人,一名是日本人,一名是美国人。现已知:

(1) 莉莉不喜欢吃面条,拉拉不喜欢吃饺子;
(2) 喜欢吃面条的不是法国人;

表 3-1

1	1	1	1
1	3	5	7
1	5	13	25
1	7	25	?

(3) 喜欢吃饺子的是日本人；

(4) 娜娜不是美国人。

请判断这三名留学生分别来自哪个国家。

131．数字矩阵

如表3-1所示,观察这个矩阵。你能在问号处填上未给出的数字吗？

132．分配零食

小红的爸爸买回来一堆零食,分给来家里做客的小朋友们。第一个男生说："小丽喜欢吃话梅。"第二个男生说："我喜欢吃核桃,但我不是明明。"第三个女生说："有一个男生喜欢吃橘子,但不是小新。"第四个女生说："小玲喜欢吃瓜子,但是我不喜欢。"你能判断出这四个小孩都是谁吗？他们分别喜欢吃什么？

133．关卡征税

有一个商人从巴黎运苹果到柏林去卖,刚刚离开巴黎的时候,他用一辆马车拉着这些苹果。不一会儿到了一个关卡,征税官对他说："现在德法两国正在打仗,税收比较高,需要按所有苹果的2/3征纳。"商人无奈,只好按规定给了足够的苹果数。交完税之后,纳税官又从商人剩下的苹果中拿了一斤,留给自己。

商人很生气,但是又无可奈何,只有接着往前走了。没走多远,又到了一个关卡,同样,这个关卡的人又从他的车上拿了2/3的苹果,并额外多拿了500克。之后,商人又经过了3个关卡,缴纳了同样的税收并给了每个征税官500克苹果。终于到了柏林,商人把自己的遭遇告诉他妻子,并把最后500克苹果给了她。

你能帮商人妻子算算商人从巴黎出发时,车上有多少克苹果吗？

134．聪明的匪徒

一群匪徒劫持了一架飞机,准备逃往太平洋上的一座小岛。飞机在飞行的过程中出了问题,需要减轻一个人的重量才能安全飞行。于是狡猾的匪徒头目命飞机上的19名匪徒排成一圈,说："现在我们点名,从1数到7,凡点到第7名的人可以留下。然后剩下的人继续点名,直到剩下一个人,那个人必须跳下去。"有个聪明的匪徒负责点数,他想救其他弟兄而让头目跳下飞机。那么,他该从哪里开始点名呢？

135．牧童的计谋

有一个农夫,想要自己盖一座房子,就到远处拉石料,他赶了一架牛车。他知道自己的重量是75公斤,这头牛大概有400公斤,车子有50公斤,路上要经过一座桥梁,桥头立着一块石碑,上面醒目地写着这座桥的最大载重量是650公斤。去的时候虽然车子经过桥时有点颤颤巍巍的,但他并没有在意。回程时,他拉了250公斤的石料,走到桥头却犯了难,如果

优等生必学的发散思维 —— 培养创新意识

就这样过去，桥一定会被压塌。到底该怎么办呢？就在他一筹莫展的时候，一个过路的牧童给他出了个主意。按照牧童的想法，牛车竟然很快就过了这座桥，石料也安全地运到了家。

请问，牧童是如何使牛车和石料顺利地通过桥梁的呢？

136．心灵感应

小明和小红刚刚结婚，俩人搬到了自己的小屋，开始美好的二人生活。住了3个月后，小红发现一件奇怪的事情：小红每次在家里的时候，小明都会在窗外喊一声："老婆开门。"小红觉得很奇怪，就问小明为什么知道她在家。小明就说："因为我们俩有心灵感应啊！"真的是这样吗？

137．装睡

小明每次装睡的时候都会被哥哥发现，小明觉得很奇怪，就问哥哥原因。哥哥说："那是因为我有特异功能！"真的是这样吗？

138．杀死跳蚤

有一个人在家里养了一只狗，可是在冬天的时候他没把狗的卫生做好，致使狗的身上长了跳蚤。很快，整个家里都是烦人的跳蚤，这个人决定解决这个问题。他先试着用苍蝇拍，但很快发现这样根本拍不到跳蚤。后来换了个跳蚤拍，但还是效率太低。他一赌气，想：现在科技如此发达，我就不信杀不死你们这些跳蚤！于是他去买了杀跳蚤的喷剂，把屋子的各个角落都喷了一遍。

过了三天，屋里果然没有跳蚤了。他非常高兴，心想毕竟是高科技，效率真是高。但是他错了，这些喷剂对跳蚤根本没有什么杀伤力。你知道为什么跳蚤都死了吗？

139．精明的生意人

有一位生意人不仅经商精明得让人佩服，而且处理其他事情的胆识与独到同样令人叫绝。他在风景秀美的雁荡山上开了一家酒店名叫朝阳山庄，他想请一位领导人为自己的酒店题字，可是一直没有如愿。后来，这位领导偶然入住这家酒店。这位商人用一个特别的方法得到了这位领导的题字，并做成了牌匾。你知道他是怎么做到的吗？

140．如何拍照

拍集体照大家都知道，最难的就是大家的眼睛问题：几十个人，甚至上百个人，咔嗒一声照下来，要保证所有人都是睁眼的还是有些难度的。闭眼的看到照片自然不高兴：我90%以上的时间都是睁着眼，你为什么偏让我亮一副没精打采的相，这不是歪曲我的形象吗？

一般的摄影师喊："1—2—3！"但坚持了半天以后，恰巧在喊"3"的时候就有人坚持不住了，上眼皮找下眼皮，又是作闭目状。

可有一位摄影师很有经验，他用一种特别的方法拍集体照，照片洗出来以后，一个闭眼的人都没有。你知道他是怎么做的吗？

141．调整水位

在一个装了很多水的大水缸里浮着一个小塑料盆，小塑料盆里装着一个铁球、一块木头、一小袋子水。请问：现在想要让大水缸里的水位有所下降，应该怎么办？

提示：把某样东西取出来放到水里。

142．盖房子的故事

一个村子里住着老乔、老李、大周三户人家，三人都有一个要结婚的儿子，于是他们就决定一起去买砖盖房子。谁知道大周家里有事，只有老乔和老李两人把砖买了回来，老乔买了3000块，老李买了5000块。本来大周还想自己买，结果发现其他两家的砖完全够盖三间房子了。于是三人将房子盖好后，大周给了两家人4000元作为报酬。

老乔和老李为了这4000元发生了争执。老李说："我家有5000块砖，你家3000块，我应该得到5/8，就是2500元。"老乔则坚持认为应该平分了这4000元，每家2000元。

两人争执不下，他们找到了村长，村长说："老乔，老李肯给你1500元，你应该接受。如果公平一点分配，老李应该拿3500元，你得500元。"

为什么会这样呢？

143．接领导

一位领导到北京开会，会议的主办方派司机去火车站接站。本来司机算好了时间，可以与那列火车同时到达火车站。但不巧的是，领导改变了行程，坐前一趟火车到了北京。而司机还是按照预计时间出发的。领导一个人在车站等着也无事可做，就打了一辆出租车赶往会场，并通知了司机。出租车开了半个小时后和司机在路上相遇了。领导上了司机的车，一刻也没耽误地赶到了会场，结果比预计时间早了20分钟。

请问，领导坐的车比预计的车早到了多长时间？

优等生必学的发散思维——培养创新意识

144. 不会游泳

有一个人想渡河,他看到河边有很多船夫等着,就问道:"你们哪位会游泳?"

船老大围上来,纷纷抢着回答道:"我会游泳,客官坐我的船吧!""我水性最好,坐我的船最安全了!"

其中只有一位船老大没有过来,站在一旁看着。要过河的那人就走过去问:"你会游泳吗?"

那个船老大不好意思地答道:"对不起客官,我不会游泳。"

谁知要过河的那人却高兴地说道:"那正好,我就坐你的船!"

其他船老大非常不满,就问:"他不会游泳,万一船翻了,不就没人能救你了吗?"

你知道渡河的人是怎么说的吗?

145. 扔扑克

有5张扑克A、2、3、4、5,背面写着a、i、u、e、o,但是顺序不同。把这些扑克随意散放,第一次出现了A、2、5、a、o,第二次出现了A、3、a、i、u。请问,哪张牌的背面是o?

146. 处理国家大事的时间

有一个国王要出门一个星期,他交代王子:"每天必须要有时间处理国家大事,并且每次处理国家大事的时间不能少于3小时。"王子很好玩,不喜欢处理国政,但又不能违背父亲的意愿,只好答应了。等国王回来,大臣回话说:"王子一个星期只拿出12个小时处理国家大事。"但王子称自己完全遵守了国王的旨意,大臣对此也完全赞同。这是怎么回事呢?

147. 是否改变选择

某娱乐节目邀请你去参加一个抽奖活动。有三个信封,让你挑选其中一个。并且告诉你其中一个信封里装着10000元,而另外两个信封里面装的都是100元。当你选中一个信封之后,主持人把另外两个信封中的一个打开,不是10000元。现在,主持人给你一个选择的机会,你要不要换一个信封?难题交给你了,你是换还是不换呢?

148. 菜市场的商贩

菜市场有三家商贩关系很好,三人分别来自大连、烟台和海口,卖三种货物:水产品、鸭梨和芒果。一天三人在一起聊天,其中一个人说:"我最爱吃水产品,所以才自己卖的。"说到这里,他好像发现了什么,惊喜地对同伴说:"我们可真有意思,来自大连的人不卖水产品,来自烟台的人不卖鸭梨,来自海口的人不卖芒果。"

来自海口的商贩说："真是这样的,你要是不说,我还真没注意呢!"
你能根据他们的话,猜出三个人分别来自哪里,各是卖什么的吗?

149．假币

小明的妈妈在早市卖水果,这天很早就回到了家。"今天的生意特别好,快来看看我今天的收获。"小明跑了过去,接过妈妈拿出来的一沓人民币开始数起来。数着数着,小明突然发现一张 100 元的人民币是假币。制作得和真币很像,就是颜色比真币深一些。妈妈接过假币一看,直拍脑袋："我怎么就没有注意到呢!"

"这里百元的钞票只有 6 张,你仔细想想到底是谁给了你这张假币？"小明提醒妈妈道。

"今天用百元钞票买水果的人一共有 3 位,因为都是大客户,所以我记得很清楚。第一位是个年轻姑娘,买了个 188 元的果篮,给了我两张 100 元的;第二位是个中年男子,买了两箱价值 298 元的进口水果,给了我 3 张 100 元的;第三位是一个二十出头的小伙子,买了 120 元的热带水果,给了我一张 100 元的和一些零钱。"妈妈认真地回忆道。

"我知道了,一定是那个二十出头的小伙子给你的假币!"小明马上断定说。
你知道小明为什么这么说吗?

150．区分鸡蛋

妈妈给小明煮了几个鸡蛋,可是淘气的小明把熟鸡蛋放在了一堆生鸡蛋里。如何才能把熟鸡蛋从外表相同的生鸡蛋中挑出来呢?

151．北极的植物

小明对北极地区的植物很感兴趣,他发现那里的植物要么长得很低,要么就是趴在地上生长。你知道这是为什么吗?

152．体重

如果你现在的体重是 50 千克,那么当你到了珠穆朗玛峰的峰顶,你的体重是会变重、变轻还是不变呢?

第四部分 突破创新

153. 对折纸片

如图 4-1 所示,把一张 2×4 的纸片对折成一个 2×2 的纸片,然后换个方向再对折,最后再对折一次,成为一摞 8 层 1×1 的纸片。这时如果从上到下分别标上 1～8,请问这 8 个数字分别在哪一格中?

根据对折的方向不同,还有其他的结果,请你试试吧。

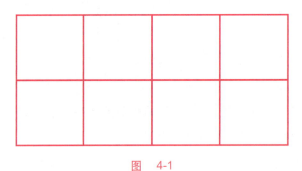

图 4-1

154. 移动火柴

如图 4-2 所示,移动两根火柴,使这个不等式成立。你知道该怎样移动吗?

图 4-2

155. 爬行的蜗牛

如图 4-3 所示,一只蜗牛在格子中爬行。它从 1 号格子出发,只允许爬向与它横向或者纵向相邻的格子中,现在它想把整个格子都爬一遍,其中一些格子已经标好了它第几步爬到该格子中,你能把它其余几步都用数字标出来吗?

156. 月历的密码

如图 4-4 所示,下面是一个月历。上面同一列中相邻的 3 个数字之间存在某个特定的规律。也就是说,如果知道这 3 个数中间的那个数字是多少,就能马上算出这 3 个数字的和。你知道其中的规律吗?

8			1
			2
12		4	3

图 4-3

日	一	二	三	四	五	六
				1	2	3
4	5	6	7	8	9	10
11	12	13	14	15	16	17
18	19	20	21	22	23	24
25	26	27	28	29	30	31

图 4-4

157. 一头猪

图 4-5 是用火柴摆成的一头猪，想想看，如何移动 2 根火柴，使它变成一头死猪呢？

158. 阴影面积

如图 4-6 所示，假设长方形 ABCD 的面积为 1，E、F 分别为两边的中点，不用计算，你能确定阴影部分的面积是多少吗？

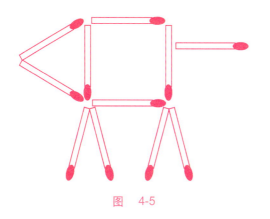

图 4-5

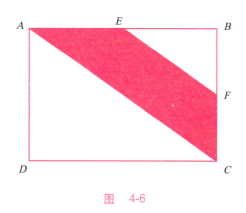

图 4-6

159. 等式成立

如图 4-7 所示，这个罗马算式显然是不成立的（10－2=2），现在请移动一根火柴，使它成为一个成立的等式。你知道该如何移动火柴吗？

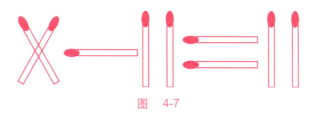

图 4-7

160. 摆正方形

如图 4-8 所示，这是由四根火柴摆成的一个十字形，现在请你移动最少数量的火柴，使它变成一个正方形。最少需要移动几根火柴呢？

优等生必学的发散思维 ——培养创新意识

161．6 变 9

如图 4-9 所示，下面有 6 根并排放置的火柴棍，现在再加上 5 根，你能把它变成 9 吗？

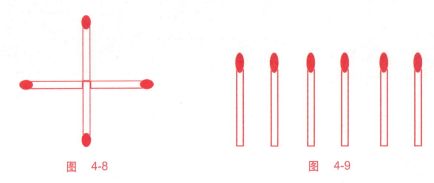

图 4-8　　　　　　　　　图 4-9

162．3 变 5

如图 4-10 所示，这个图案是用 9 根火柴摆成的 3 个三角形。现在只移动其中的 3 根火柴，请摆出 5 个三角形，你知道怎么摆吗？

163．砌围墙

小明砌了一个如图 4-11 所示的围墙，请数一数他一共用了多少块砖。

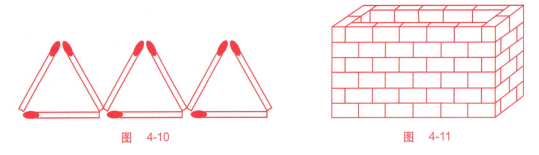

图 4-10　　　　　　　　　图 4-11

164．消失的三角形

如图 4-12 所示，下面是由 9 根火柴拼成的 3 个三角形。现在请你只移动其中的两根火柴，使这 3 个三角形全变没了。你知道怎么做吗？

165．直角个数

如图 4-13 所示，用 3 根火柴可以构成 8 个直角。请问想要构成 12 个直角，至少需要几根火柴？（火柴棍本身的直角不算）

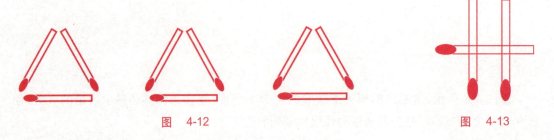

图 4-12　　　　　　　　　图 4-13

166．颠倒椅子

如图 4-14 所示，这个椅子倒了，你能只移动 2 根火柴就把它正过来吗？

167．不可能的三角形

三角形的内角和是 180°，但是买地图的阿明说，他见过一张纸上画着一个三角形，三个内角都是 90°。这可能吗？

168．图中填字

如图 4-15 所示，在图中填上一个字母，使这些字母按照一定的顺序排列。你知道该填什么吗？

A，B，C，D，＿

图 4-14 　　　　图 4-15

169．树枝

仔细观察图 4-16 中各数字间的规律，你能确定问号处应该是什么数字吗？

170．切木块

如图 4-17 所示，一个正方体的木块，它有 6 个面、12 条棱、8 个顶点。现在把它切掉一部分，使其变成下面四种形状，请分别写出四种形状的小木块的面数、棱数及顶点数。

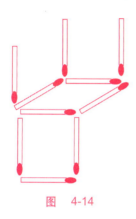

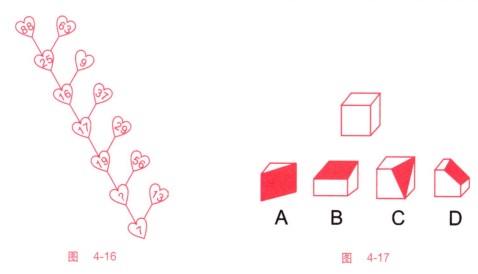

图 4-16 　　　　图 4-17

优等生必学的发散思维 —— 培养创新意识

171. 方格密码

如图 4-18 所示,图中的前两个方格下面都标出了它们对应的数字密码,请根据给出的规律,确定第三个方格的数字密码是多少。

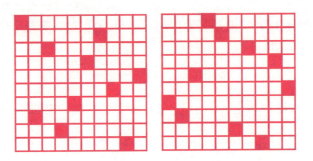

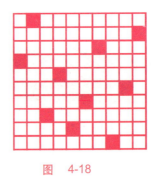

图 4-18

172. 共有元素

仔细观察图 4-19,中间两个字母为左、右两边共有,你知道它们之间如此排列的原因是什么吗?

173. 变形（1）

如图 4-20 所示,这是由 12 根火柴组成的 4 个小正方形,现在要求你只移动其中的 3 根火柴,使它变成 3 个正方形。你知道怎么移动吗?

图 4-19

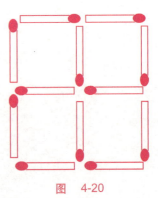

图 4-20

174．变形（2）

图 4-21 有很多小正方形，现在要求你拿走其中的 4 根火柴，使它变成 8 个小正方形。你知道拿走哪些吗？

175．变形（3）

如图 4-22 所示，这是由 16 根火柴组成的 5 个小正方形，现在要求你只移动其中的 3 根火柴，使它变成 4 个正方形。你知道怎么移动吗？

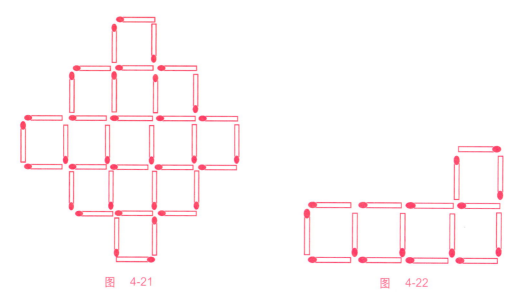

图 4-21　　　　　　图 4-22

176．梯形

如图 4-23 所示，该图是由火柴拼成的，你能只移动其中的 4 根火柴，使它变成 3 个大小一样的梯形吗？

177．三角（1）

如图 4-24 所示，图中是由火柴拼成的六边形，你能只移动其中的 3 根火柴，使它变成 4 个大小相同的三角形吗？

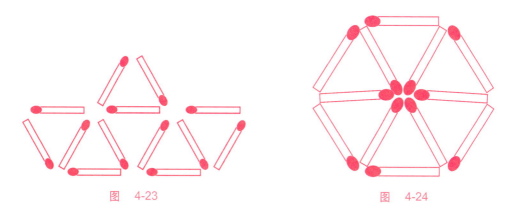

图 4-23　　　　　　图 4-24

优等生必学的发散思维 —— 培养创新意识

178. 三角（2）

如图 4-25 所示，图中是由火柴拼成的 3 个三角形，你能只移动其中的 3 根火柴使它变成 5 个三角形吗？

179. 最短的距离

如图 4-26 所示，在一条宽 200 米的河流的两岸分别有 A、B 两个村庄。现在需要在河上建一座桥，使从村庄 A 到村庄 B 的距离最短。当然桥不能斜着建，那么应该建在哪里呢？怎么建能使 AB 间的距离最短？

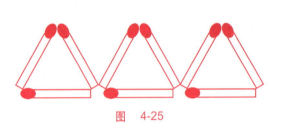

图 4-25

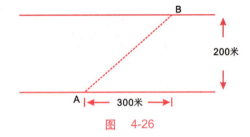

图 4-26

180. 变出杯子

如图 4-27 所示，图中画有 3 个一样的杯子，现在你能添加一条直线，使杯子数从 3 个变成 5 个吗？

181. 增加正方形

如图 4-28 所示，3 个图形中一共有 18 个小正方形（不算多个图形组合成的大正方形），现在要求你画 6 条直线，使下面的小正方形变为 27 个。你知道该怎么画吗？

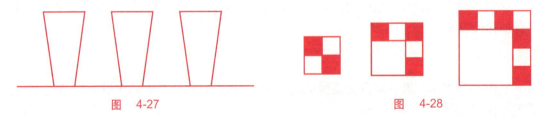

图 4-27   图 4-28

182. 堆油桶

有若干个油桶堆在一起，无论从前后左右看，都是如图 4-29 所示的形状，你知道这里一共有多少个油桶吗？

183. 角度大小

如图 4-30 所示，仔细观察图中的四个角度，不用量角器量，你能判断出哪个大、哪个小吗？

184. 羊圈

下面的 13 根火柴代表 13 块栅栏，它们围成了如图 4-31 所示的

图 4-29

6个羊圈。一天,栅栏坏掉了一块。你能不能想办法让剩下的12块栅栏同样可以围出6个大小和形状相同的羊圈呢?

图 4-30   图 4-31

185. 六角星(1)

图4-32是由18根火柴组成的六角星,其中包含了8个三角形。现在请你拿走其中的两根火柴,使其变成6个三角形。你知道该怎么做吗?

186. 六角星(2)

如图4-33所示,该图是由18根火柴组成的六角星,其中包含了8个三角形。现在请你移动其中的两根火柴,使其依然保持8个三角形。你知道该怎么做吗?

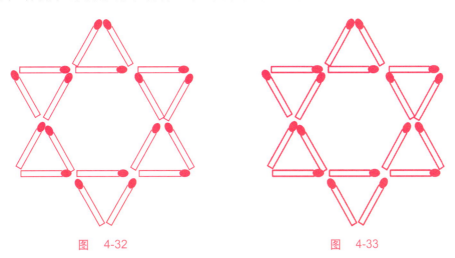

图 4-32   图 4-33

187. 没有正方形

如图4-34所示,图中是由火柴拼成的8个小正方形,现在要求你拿走一些火柴,使图中没有正方形。你知道最少需要拿走哪几根火柴吗?

188. 14根火柴

摆出如图4-35所示的图形需要14根火柴。仍用14根火柴,不能多也不能少,请问还有其他的办法摆出4个一样大小的正方形吗?

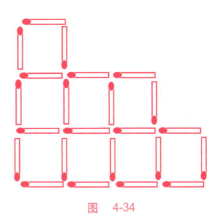

图 4-34

优等生必学的发散思维 —— 培养创新意识

189. 6变3

如图 4-36 所示,图中是由 12 根火柴拼成的一个六边形,现在请你拿走其中的 4 根火柴,使它变成 3 个大小和形状都相同的三角形。你知道该怎么拿吗?

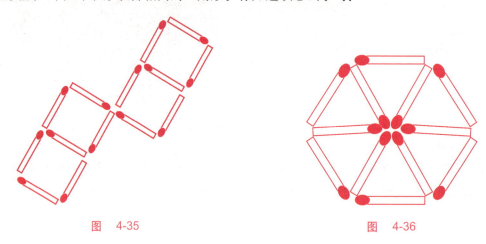

图 4-35　　　　　　　　　　图 4-36

190. 拼桌面

如图 4-37 所示,下面是一块缺了一小块板的长方形木板,现在要把它做成一个正方形的桌面。需要在上面切两刀,然后拼起来,你知道该怎么切吗?

191. 路径

如图 4-38 所示,从 A 点到 F 点一共有多少条不同的路径?(每段都不可以重复通过)

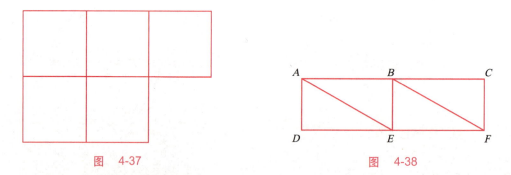

图 4-37　　　　　　　　　　图 4-38

192. 装正方形

如果将 5 个边长为 1 单位的小正方形装入一个大正方形中,如图 4-39 所示,这个大正方形的边长应该是 2.828 个单位。请问如果大正方形只有 2.707 个单位,还能装下这 5 个小正方形吗?

193. 平面变立体

如图 4-40 所示,图中有 3 个正三角形,很明显,它是一个平面图形,如何只移动其中的 3 根火柴,就使它变成一个立体图形呢?

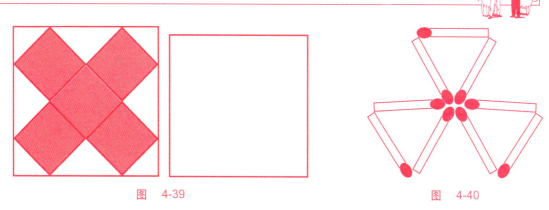

图 4-39　　　　　　　　　　　图 4-40

194．箱子大小

如图 4-41 所示，用同一块木板可以做成下面四种不一样的箱子（全部使用，没有剩余）。如果用这四种箱子装水，请问哪个装得最多？

195．小鸭变小鸡

如图 4-42 所示，这是用火柴摆成的一只鸭子的英文（DUCK），你能只移动其中一根火柴，就让它变成公鸡的英文（COCK）吗？

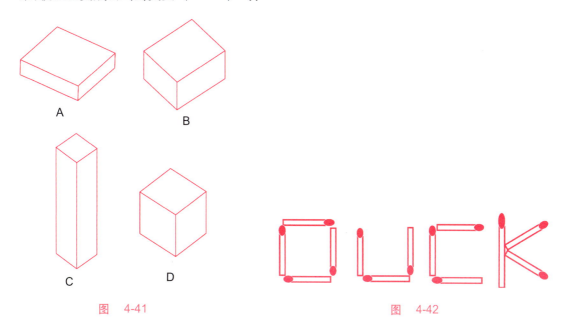

图 4-41　　　　　　　　　　　图 4-42

196．3 个正方形

如图 4-43 所示，把图中的 3 根火柴移动一下位置，变成 3 个正方形。你知道该怎么移动吗？

197．1－3＝2？

如图 4-44 所示，这是一个用火柴拼成的等式，当然它并不成立。现在需要你移动其中一根火柴，使等式成立，你知道该怎么移动吗？

优等生必学的发散思维 ——培养创新意识

198．罗马等式（1）

如图 4-45 所示，这是用火柴拼成的罗马数字组成的等式（Ⅹ在罗马数字中代表 10），现在等式并不成立，请移动其中的一根火柴，使等式成立，你知道该怎么移动吗？

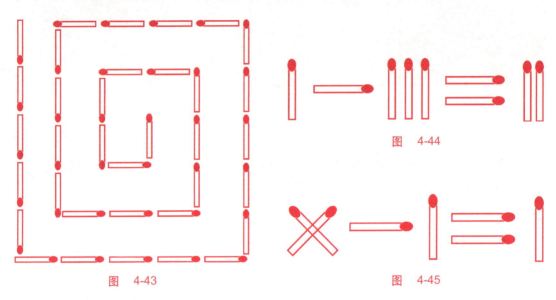

图 4-43

图 4-44

图 4-45

199．罗马等式（2）

如图 4-46 所示，这是用火柴拼成的罗马数字组成的等式（Ⅳ在罗马数字中代表 4），现在等式并不成立，请移动其中的一根火柴，使等式成立，你知道该怎么移动吗？

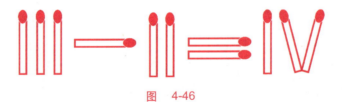

图 4-46

200．罗马等式（3）

如图 4-47 所示，这是用火柴拼成的罗马数字组成的等式（Ⅶ在罗马数字中代表 7），现在等式并不成立，请移动其中的两根火柴，使等式成立，你知道该怎么移动吗？

201．数字不等式

如图 4-48 所示，这是用火柴拼成的一个不等式，很明显它是错误的，你能只移动其中的一根火柴就让不等式成立吗？

图 4-47

图 4-48

202. 八边形变八角星

如图 4-49 所示，这是一个正八边形，你能把它分割成 8 个大小相同的三角形，然后用这些三角形拼成一个八角星吗？

203. 增加菱形

如图 4-50 所示，这是由 16 根火柴摆成的 3 个菱形，请你每次移动 2 根火柴，使得每次移动完后菱形数都增加 1 个，连续五次。你知道该怎么移动吗？

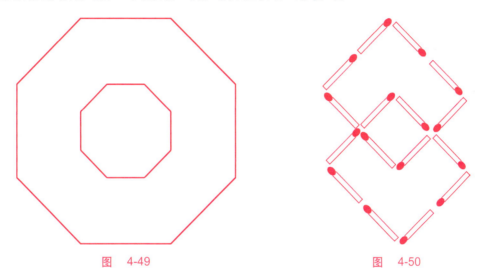

图 4-49　　　　　　　　图 4-50

204. 平房变楼房

如图 4-51 所示，这是用 14 根火柴拼成的一个平房，要想把它变成楼房，请问至少需要移动几根火柴？

205. 月份符号

在一个奇怪的小岛上，使用如图 4-52 所示的这种符号表示月份。其实它与我们用的月份符号是有联系的，你知道这个符号与哪个月份对应吗？

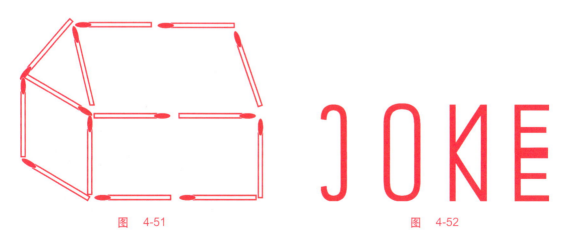

图 4-51　　　　　　　　图 4-52

优等生必学的发散思维——培养创新意识

206．减少一半

如图 4-53 所示，这里有一个 4×3 的方格，用 12 根火柴可以把这个方格分成两部分，围起来的这部分面积正好占了整个面积的一半。现在请你移动其中的 4 根火柴，使火柴围成的面积再减少一半。你知道怎么移动吗？

207．穿越迷宫

如图 4-54 所示，这个迷宫很有趣，你只能沿着给定的方向走，请问从开始到结束，一共有多少条不同的路线可走？

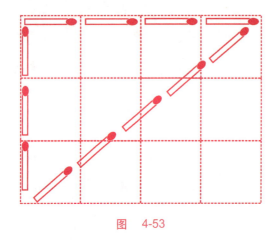

图 4-53

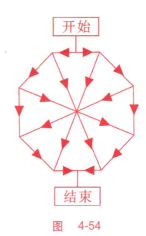

图 4-54

208．三色问题

如图 4-55 所示，请把这个图形用三种颜色填涂，规则是不允许任意两个相邻的区域使用同一种颜色。你知道该怎么涂色吗？

209．放皇后

大家知道，国际象棋中的皇后既可以直着走，又可以沿对角线斜着走。如图 4-56 所示，在图中的各个棋盘中，最多可以放入几个皇后，才能保证皇后之间不能互吃？该如何放？

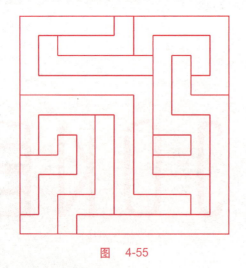

图 4-55

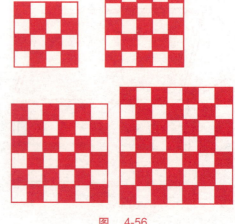

图 4-56

210．画三角形

经过 3 点画三角形很容易，现在要求在图 4-57 中画一个三角形，使得 A、B、C 三点必须落在所画的三角形的三边中点处，你知道这个三角形应该怎么画吗？

211．国王

国际象棋中国王的走法比较特殊，它只能走上下左右或者斜向一格。图 4-58 所示是一个国际象棋的棋盘，请在这个棋盘上摆放若干个国王，要求这些国王能够进入棋盘上的所有格子，包括有国王占据的格子。请问，这样至少要摆多少个国王？

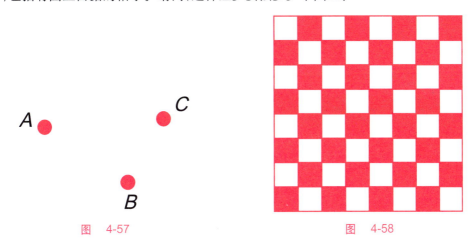

图 4-57　　　　　　　　　　图 4-58

212．走遍天下

如图 4-59 所示，这是一个标准的国际象棋棋盘。假设在右上角的格子里有一个皇后，想要让它走遍所有的格子，且每个格子只能穿过或进入一次，那么皇后至少要走几步才能走完这个棋盘？

213．摆象

在一个标准的国际象棋棋盘里最多可以摆多少个象，才可以保证这些象不能互吃？图 4-60 中的摆法摆了 12 个象，请问，还有更多的摆法吗？

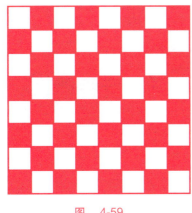 

图 4-59　　　　　　　　　　图 4-60

优等生必学的发散思维——培养创新意识

214. 走马观花

小明去植物园看牡丹花,今年的牡丹花非常漂亮,小明不想错过任何一盆花,于是他觉得应该制订一个观花路线。图 4-61 中黑点处为起点,白色圆圈处为终点。小明要如何设计路线,才能使观花路线不重复,且只需用 21 条直线就可以全部参观完呢?

215. 巡逻

如图 4-62 所示,一个小镇上有三横四竖 7 条街道,一名警察需要每天巡逻这些街道,一条也不能落下。请你帮他设计最佳的路线,使他走的冤枉路最少。你知道该怎么设计吗?

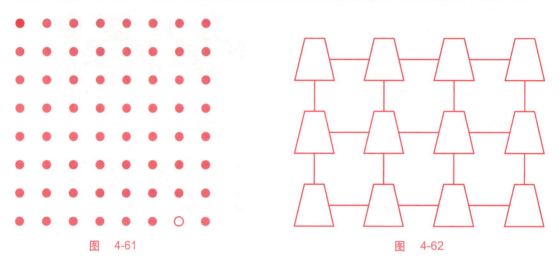

图 4-61　　　　　　　　图 4-62

216. 字母变小

如图 4-63 所示,加一根火柴,使下面这个字母变小。你知道怎么做吗?

217. 比面积

如图 4-64 所示,下面有两块同样的木板,它们的形状都很不规则,现在请你用最简单的办法来比较一下谁的面积大。你知道怎么做吗?

图 4-63　　　　　　　　图 4-64

218. 找不同

如图 4-65 所示,找出图中哪一个与其他选项最不相同。

219. 找规律

如图 4-66 所示，仔细观察图的规律，请问问号处应该填什么字母？

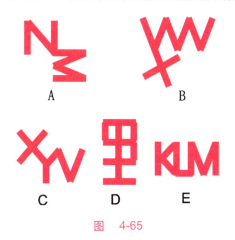

图 4-65

7	QRG	6
13	CIN	2
8	DO?	4

图 4-66

220. 不同的路径

如图 4-67 所示，穿越这个格子城只有一个要求，就是不能绕远。那么从入口到出口一共有多少条不同的路径可走？

221. 放五角星

如图 4-68 所示，在下面的棋盘中放入 16 个五角星，使得无论水平方向、垂直方向还是斜向，都没有 3 个五角星连成一条直线。你知道该怎么做吗？（有两个五角星的位置已经给出）

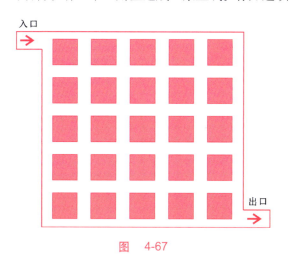

图 4-67

图 4-68

222. 火柴悬空

如图 4-69 所示，在桌子上倒扣着两个玻璃杯，中间夹住一根火柴。现在你只能用桌子上的另一根火柴，使得拿去一个玻璃杯后，中间的那根火柴依然可以悬空并保持当前的位置。

优等生必学的发散思维——培养创新意识

223．倒咖啡

有一个如图 4-70 所示的咖啡杯，里面装满了咖啡，现在想倒出一些，使杯子里剩下的咖啡正好是一半，你知道该怎么做吗？

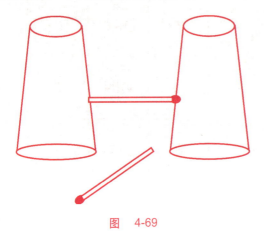

图　4-69

图　4-70

224．拼正方形

如图 4-71 所示，用这些硬纸板拼出一个正方形，要求纸板不能重叠，你知道怎么拼吗？

225．小房子

如图 4-72 所示，图中是由 11 根火柴拼成的一座小房子，请移动其中的 2 根火柴，使它变成 11 个正方形。你知道该怎么做吗？

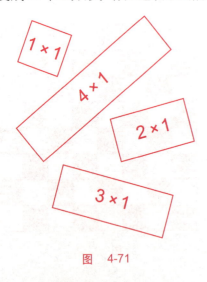

图　4-71

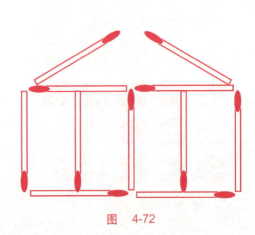

图　4-72

226．奇怪的样子

请根据图 4-73 中数字的样子，猜一猜，数字 6 应该是什么样子的？

227．读出日期

如图 4-74 所示，让你的朋友拿出一枚硬币，把日期那面朝上放在桌子上，然后马上用一张白纸盖住它。在不拿走白纸的情况下,如何才能读出硬币上的日期呢?

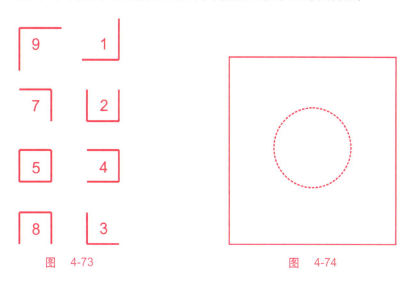

图 4-73　　　　　　　　　图 4-74

228．摆棋子

把 10 枚棋子按图 4-75 所示的样式摆成两行,每行 5 枚。然后移动其中一行的 3 枚棋子,再移动另一行的 1 枚棋子,使这些棋子排成 5 排,每排要有 4 枚棋子。棋子不能叠放。你知道该怎么移动吗?

229．连顶点

如图 4-76 所示,用直线连接一个正三角形的 3 个顶点,要求每个顶点都要经过,而且必须形成一个闭合曲线,只有一种连法。而连接正方形的 4 个顶点则有 3 种连法;连接正五边形的 5 个顶点,有 4 种连法……

请问,如果连接正六边形的 6 个顶点,会有多少种连法呢?

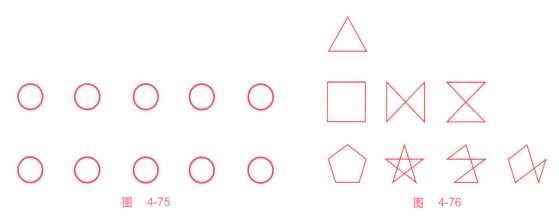

图 4-75　　　　　　　　　图 4-76

230．切点

图 4-77 是三个相切的圆,它们有 3 个切点,即图中的黑点。现在想要得到 6 个切点,请问至少需要几个圆相切?如果想得到 9 个切点呢?

优等生必学的发散思维——培养创新意识

231. 连点画方

如图 4-78 所示，下面有 25 个排列整齐的圆点，连接某些点可以画出正方形。请问，一共可以画出多少种大小不同的正方形呢？

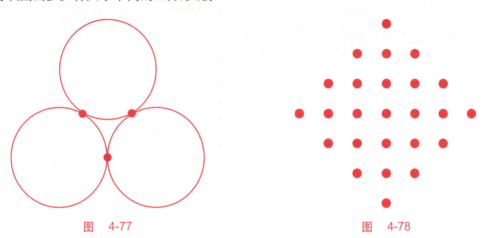

图 4-77　　　　　　　　　　图 4-78

232. 调换位置

如图 4-79 所示，这是一个棋盘，它有两种棋子，一种是半圆形，一种是五角星，现在想要把两种棋子的位置对调，而每个棋子只可以滑动到空白位置，请问如何才能把两种棋子完全对调位置呢？

233. 调等式

图 4-80 所示是一个等式，请移动其中的一根火柴，使这个等式依然成立，而且结果不变。你知道怎么移动吗？

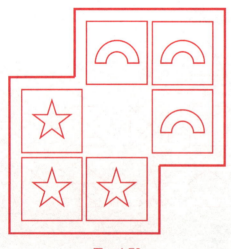

图 4-79　　　　　　　　　　图 4-80

234. 送货员的路线

如图 4-81 所示，小明是一个送货员，每天他都从中心的五角星处出发，给各个圆圈处的客户送货,然后返回到五角星处。请你帮他设计一个送货路线,可使他送完所有的货物且不走冤枉路。

235．摆六边形

用 12 根火柴可以摆出如图 4-82 所示的六边形。现在请在这幅图中加入 18 根火柴,摆出 7 个六边形。你知道该怎么摆吗?

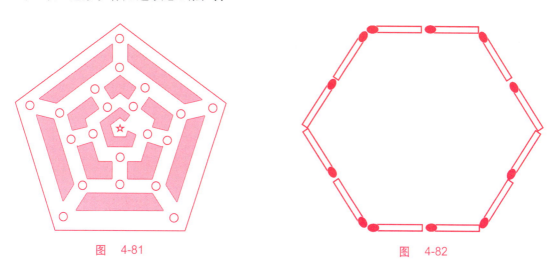

图　4-81　　　　　　　　　　　图　4-82

236．相互接触

如图 4-83 所示,这里有 6 支箭,它们不能折断,也无法弯曲,如何用最简单的办法让它们两两接触?

237．撕邮票

如图 4-84 所示,这是 9 张连在一起的邮票,现在请你撕下其中 4 张,使剩下的 5 张邮票互不相连。你知道该怎么撕吗?

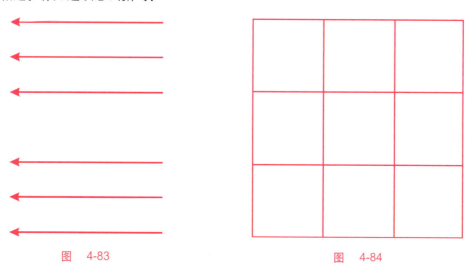

图　4-83　　　　　　　　　　　图　4-84

238. 等式成立

如图 4-85 所示,这是一个用火柴摆成的算式,很明显它是错误的,现在请你移动一根火柴,使这个等式成立。一共有三种方法,你能全部找出来吗?

图 4-85

第五部分 化繁为简

239. 什么花色最多

某人手中有 13 张扑克牌，这些牌有如下情况：
（1）没有大王、小王，但红桃、黑桃、方块、梅花四种花色都有；
（2）各种花色牌的张数不同；
（3）红桃和黑桃合起来共有 6 张；
（4）红桃和方块合起来共有 5 张；
（5）有一种花色只有两张牌。
请问，这个人手中的牌什么花色的最多？有几张？

240. 男男女女

某日，某饭店里来了三对客人：2 个男人，2 个女人，还有一对夫妇。他（她）们开了 3 个房间，门口分别挂上了带有标记"男男""女女""男女"的牌子，以免互相进错房间。但是爱开玩笑的饭店服务员，却把牌子巧妙地调换了位置，弄得房间里的人和牌子全对不上号了。

在这种混乱的情况下，据说只要敲一个房间的门，听到里边的一声回答，就能全部搞清楚 3 个房间里的人员情况。你说，要敲的该是挂有什么牌子的房间呢？

241. 隐含的规律

1、3、7、8
2、4、6
5、9
你能猜出这三组数字间有何种关系吗？
提示：每一组数字都有一个相同的规律。

242. 最聪明的人

兄弟三人在互相吹捧自己，老大对别人说："我是中国最聪明的人。"老二说："我是世界上最聪明的人。"如果你是老三，你应该怎么说才能胜过二人呢？

243．字母分类

把 26 个英文字母如下分成 5 组，想一想，这样分组的依据是什么？

第一组：NSZ

第二组：BCDEK

第三组：AMTUVWY

第四组：HIOX

第五组：FGJLPQR

244．包工队的酬劳

有一个建筑公司拿下了某个小区的开发权，为了节省成本，该公司把其中的 9 栋楼承包给三个包工队，让每个包工队承包 3 栋楼的建筑施工，并按标准图纸装修为统一风格。三个包工队各有长处：甲包工队擅长装修，比其他两个包工队的装修速度快 3 倍；乙包工队擅长盖楼，比甲包工队快 2 倍，比丙包工队快 4 倍；丙包工队擅长管线的布置，其布线速度比甲包工队快 3 倍，比乙包工队快 5 倍。工程结束后，建筑公司付给三个包工队一共 3 亿元的报酬。请问，他们应该怎样分这笔钱才最合理？

245．唐朝人的计谋

唐僖宗年间，蜀中盗贼横行，为害乡里，老百姓怨声载道。崔安潜出任西川节度使，决心下大力气进行治理。他到任之后，并不忙着部署人员抓捕盗贼，而是先从府库中拿出了一大笔钱，分别堆放在西川三个大城市的繁华集市上，并在钱上悬挂告示："凡有能提供线索协助官府捕获盗贼者，即赏五百串钱。盗贼之间，凡能将同伙解送到案者，不仅赦免原先的罪行，赏赐也和普通人一样。"

你知道这一招高明在哪里吗？

246．最聪明的小偷

一个农夫进城卖驴和山羊。山羊的脖子上系着一个小铃铛。三个小偷看见了，第一个小偷说："我可以偷到他的羊，还能不被农夫发现。"

于是，第一个小偷悄悄地走近山羊，把铃铛解了下来，拴到了驴尾巴上，然后把羊牵走了。农夫在拐弯处四处环顾了一下，发现山羊不见了，就开始寻找。

这时，第二个小偷说："我能从农夫手里把驴偷走。"

于是，第二个小偷走到农夫面前，问他在找什么，农夫说他丢了一只山羊。

小偷说："我见到你的山羊了，刚才有一个人牵着一只山羊向这片树林里走去了，现在还能抓住他。"

农夫恳求小偷帮他牵着驴，自己去追山羊。

第二个小偷趁机把驴牵走了。

第三个小偷说："这都不难，我能把农夫身上的衣服全部偷来。"

另外两个小偷不相信，可是最聪明的第三个小偷真的做到了。你知道他是怎么做的吗？

247．牙膏

有一家牙膏厂，产品优良，包装精美，深受顾客的喜爱。营业额连续10年递增，每年的增长率在10%～20%。可到了第11年，该厂业绩停滞下来，之后两年也如此。

公司经理召开高级会议，商讨对策。会议中，公司总裁许诺说："谁能想出解决问题的办法，让公司的业绩增长，重奖10万元。"

有位年轻的经理站起来，递给总裁一张纸条，总裁看完后，马上给这位经理签了一张10万元的支票。

你知道这位年轻的经理想出的办法是什么吗？

248．偷换概念

有三个人去住旅馆，住3间房，每一间房10元钱，于是他们一共付给老板30元。第二天，老板觉得3间房只需要25元就够了，于是叫伙计退5元给三位客人，谁知伙计贪心，只退给每人1元，自己偷偷拿了2元，这样一来便等于那三位客人每人各花了9元，于是三个人一共花了27元，再加上伙计独吞了2元，总共是29元。可是当初他们三个人一共付出30元，那么另外的1元呢？

249．正面与反面

桌上有23枚硬币，其中10枚正面朝上。假设蒙住你的眼睛，而你的手又摸不出硬币的正反面。如何才能把这些硬币分成两堆，使每堆正面朝上的硬币的个数相同？

250．苹果和橘子

小明有一个粗细均匀并且只有两端开口的长盒子，里面放着4个苹果和3个橘子，苹果与橘子的大小相同，且正好能放在盒子里，现在苹果和橘子的排列方式是：aaaaooo，小明想到妹妹只喜欢吃苹果，就想在不取出任何水果的情况下，使排列变成aaooooaa，他该怎么办？（a表示苹果，o表示橘子）

251．扔石头

在一个高塔上，可以感觉到在水平方向上有风吹动，这时候如果同时迎着风扔石头，顺着风扔石头，垂直把石头丢向地面，哪一次石头会先到地面？

252．量身高

有一个小孩，在一棵高 20 米的树上，从树根起刻了 2 米高的刻度来测量自己的身高，当时标出来自己有 1.4 米。后来这棵树长到了 25 米，他也长到了 1.6 米。这时候，他再用这把刻在树上的尺子量自己，会是多高呢？

253．刁钻的顾客

高尔基从小就是一个十分聪明的孩子。在童年时，他曾在一家食品店干活。

有一次，一个刁钻古怪的顾客送来了一张奇怪的订货单，上面写着："定做 9 块蛋糕，但要装在 4 个盒子里，而且每个盒子里至少要装 3 块蛋糕。"

老板和大伙计伤透了脑筋，碰坏了好几块蛋糕，也没有办法照订单上的要求装好盒子，眼看取货时间就要到了，可他们依然一筹莫展。

在一旁干杂活的高尔基拿起那张订货单，认真读了一遍，笑着对老板和大伙计说："这有什么难？让我来装吧！"说完，他挑选了 4 个盒子装起来，刚把蛋糕装好，订货的顾客已经来到了柜台前。这个顾客以挑剔的眼光仔细检查一遍，什么问题也没有发现，就提着蛋糕走了。老板和大伙计终于松了一口气，并且开始对聪明的高尔基刮目相看了。

你知道高尔基是怎样分装这 9 块蛋糕的吗？

254．聪明的阿凡提

阿凡提小时候非常聪明。他的爸爸养了 10 只羊。一天，爸爸对小阿凡提说："如果你能让 4 个栅栏里都有 10 只羊，我就把这些羊全部送给你。"阿凡提并没有去别的地方买羊，却很快就使 4 个栅栏里都有了 10 只羊。你知道他是怎么做到的吗？

255．小狗跑了多远

聪聪的学校离家有 5 公里，她走路的速度是每 10 分钟走 1 公里。她养了一条狗，每天放学的时候，狗会从家里往学校的方向跑，去迎接她，等看到她的时候，小狗会掉头往家跑，回到家再掉头回来……如此往复，我们知道小狗的速度正好是聪聪的 2 倍且速度恒定，即每 10 分钟跑 2 公里。请问聪聪从学校到家，小狗跑了多远？

256．聚餐

周末，爷爷家举行聚餐，一共来了 10 个人，他们想炸东西吃，但每个人想要的老嫩程度不同，奶奶问了一遍之后，每个人的需求如下：爷爷想要吃炸 7 分钟的小黄鱼；爸爸想要吃炸 3 分钟的春卷；妈妈想要吃炸 9 分钟的花生米；姑姑想要吃炸 16 分钟的土豆丝；叔叔想要吃炸 8 分钟的油条；大伯想要吃炸 3 分钟的豆腐；姑父想要吃炸 2 分钟的小黄鱼；婶婶想要吃炸 5 分钟的土豆丝；伯母想要吃炸 6 分钟的春卷；而奶奶想要吃炸 10 分钟的土豆丝。如果这家人只有一个炸锅，那么做这顿饭至少需要多长时间？

257．公交车相遇

每天 A、B 两地会向对方发出公交车，从早上 6 点开始到晚上 8 点结束，每 10 分钟便有一辆车从 A 地出发，同一时刻也会有一辆从 B 地开出的公交。已知单程的公交车运行时间是 1 小时，并且假设公交车运行匀速，在同一条线路上近距离可见。请问中午 12 点从 A 地发出的公交车，可以遇到几辆从 B 地开来的公交车呢？

258．需要买多少

27 名同学去郊游，在途中休息的时候口渴难耐，去小店买饮料。饮料店搞促销，凭 3 个空瓶可以再换一瓶。他们最少买多少瓶饮料才能保证一人喝一瓶？

259．铺轮胎

有一个场地是边长 10 米的正方形，现在给你很多外直径 1 米、内直径 50 厘米的轮胎，请问你至少要铺几层才能使轮胎完全盖住场地？

260．火柴棒问题

这是一道用火柴棒摆成的算式：I + X = IX（1 + 10 = 9），这显然是错误的，请问最少移动多少根火柴棒才能使算式正确？

261．盲人分袜

有两位盲人，他们各自买了两双黑袜和两双白袜，八双袜子的布质、大小完全相同，而每双袜子都有一张商标纸连着。两位盲人不小心将八双袜子混在一起，他们怎样才能取回黑袜和白袜各两双呢？

262．养金鱼

陈先生非常喜欢养金鱼。一年春节，他的五个儿子回到家，分别送给陈先生一缸金鱼。巧的是每缸中都有 8 条金鱼，而且颜色分别为黄、粉、白、红。这四种颜色金鱼的数量一样多。但是这五缸金鱼看起来各有特色，每一缸金鱼中不同颜色的金鱼数量并不相同，而且每种颜色的金鱼至少有一条。

五个儿子送的金鱼的情况如下：

大儿子送的金鱼中，黄色的金鱼比其余 3 种颜色的金鱼加起来还要多；

二儿子送的金鱼中，粉色的金鱼比其余任何一种颜色的金鱼都少；

三儿子送的金鱼中，黄色金鱼和白色金鱼之和与粉色金鱼和红色金鱼之和相等；

四儿子送的金鱼中，白色金鱼是红色金鱼的 2 倍；

小儿子送的金鱼中，红色金鱼和粉色金鱼一样多。

请问，每个儿子送的金鱼中，4种颜色的金鱼各有几条？

263．谁是预言家

瑞西阿斯是古希腊最著名的预言家之一，他有4个徒弟A、B、C、D。但是，这4个徒弟中只有1个人成为了真正的预言家；其余3个人，一个当了武士，一个当了医生，另一个当了建筑师。一天，他们4个人在练习讲预言。

A预言：B无论如何也成不了武士。

B预言：C将会成为预言家。

C预言：D不会成为建筑师。

而D预言他会娶到公主。

可是，事实上他们4个人当中，只有1个人的预言是正确的，也正是这个人后来当上了真正的预言家。

请问，后来这4个徒弟分别当了什么？

264．没有坐在一起

A与a是一对男女朋友，一天，他们邀请了另外三对男女朋友去餐馆吃饭，其中，B和b、C和c、D和d分别男女朋友。每对男女朋友分别用同一个字母来表示，其中大写字母代表男生，小写字母代表女生。例如：Aa为男女朋友，A代表男生，a代表女生，其他类推。

用餐时，他们8个人均匀地坐在一张圆桌旁，其中只有一对男女朋友因为正在闹别扭而没有挨着坐，其余的几对都坐在了一起。现已知：

(1) a对面的人是坐在B左边的男生；

(2) c左边的人是坐在D对面的女生；

(3) D右边的人是位女生，她坐在A左边第二位置上的女生的对面。

请问，哪对男女朋友没有坐在一起？

265．大学里的孩子

一所大学的新生宿舍中住进了3个大一学生，他们分别来自不同的省份，而且他们家长的职业也各不相同。现已知：

(1) 这3个学生分别是毛毛、医生的儿子和来自四川的孩子；

(2) 牛牛不是公务员的儿子，壮壮也不是教师的儿子；

(3) 来自山东的不是公务员的儿子；

(4) 来自广州的不是牛牛；

(5) 来自山东的不是壮壮。

根据上面的条件，请说明这3个孩子分别来自哪里，他们的家长分别是什么职业。

266．再次相遇

在一个赛马场里，A马1分钟可以跑两圈，B马1分钟可以跑三圈，C马1分钟可以跑四圈。

请问,如果这3匹马同时从起跑线上出发,它们几分钟后又会相遇在起跑线上?

267．谁是金奖

在金马奖的评奖会上,A、B、C、D、E、F、G和H共8个人一起竞争一项金奖。由一个专家小组投票,票数最多的将获金奖。

如果A的票数多于B,并且C的票数多于D,那么E将获得金奖;

如果B的票数多于A,或者F的票数多于G,那么H将获得金奖;

如果D的票数多于C,那么F将获得金奖。

如果上述断定都是真的,并且事实上C的票数多于D,并且E并没有获得金奖,以下一定是真的一项是(　　)。

A．H获金奖

B．F的票数多于G

C．A的票数不比B多

D．B的票数不比F多

268．哪种方式更快

有一个母亲想要进城看望正在读书的儿子,她知道每天有一辆公共汽车会经过自己所在的村子进城。她有如下几种选择:早上起来迎着公共汽车来的方向走,遇到公共汽车坐上去;在村口一直等公共汽车到来;往城里的方向走,公共汽车追上她的时候她就坐上。三种方法中的哪一种可以最快到达城里呢?

269．怎么算账

一天,杂货店里来了一位顾客,挑了65元的东西,顾客拿出一张100元的钞票,店主找不开,就到隔壁的店换了一张50元和一些零钱,回来给顾客找了35元。过了一会儿,店主发现隔壁店给的50元钞票是假钱,就想去说一下。谁知道还没出门,隔壁店的老板就过来了,说刚才的100元钞票是假钱。

那么这个店主还应该给隔壁老板多少钱?他一共赔了多少钱?

270．收废品

小周把几扇废旧的窗户拉到废品收购站,他自己在家里称过这些窗户的重量,一共25公斤,包括木头和玻璃。到了废品收购站,这里的老板说:"我这里收窗户1元0.5公斤,不过现在地方有限,你能不能帮我把玻璃砸下来,我只想要木头,但是你放心,玻璃我也要了。木头我算你7角0.5公斤,玻璃3角0.5公斤,这样加起来还是1元,对不对?另外,你帮我这个忙,我再多给你10元。"

小周觉得老板说的没错,还能多收10元,就答应了。

结账时,木头一共是15公斤,玻璃10公斤,这样,小周卖木头得到21元,卖玻璃得到

6元，再加上10元好处费，共计37元。

事后，小周越想越不对，如果按整体计算，可以得到50元，这样分开计算，自己辛苦了一番不说，怎么还少卖了13元呢？

271．灯泡的容积

发明家爱迪生曾经有一个名叫阿普顿的助手，他毕业于普林斯顿大学数学系，又在德国深造了一年，自以为天资聪明，头脑灵活，甚至觉得比爱迪生还强很多，处处卖弄自己的学问。

有一次，爱迪生把一只梨形的玻璃灯泡交给了阿普顿，请他算算容积是多少。阿普顿拿着那个玻璃灯泡，轻蔑地一笑，心想："想用这个难住我，也太小看我了！"

他拿出尺子上上下下量了又量，还依照灯泡的式样画了一张草图，列出一道道算式，数字、符号写了一大堆。他算得非常认真，脸上都渗出了细细的汗珠。

过了一个多钟头，爱迪生问他算好了没有。他边擦汗边说："办法有了，已经算了一半多了。"

爱迪生走过来一看，在阿普顿面前放着许多草稿纸，上面写满了密密麻麻的等式。爱迪生微笑着说："何必这么复杂呢？还是换个别的方法吧。"

阿普顿仍然固执地说："不用换，我这个方法是最好最简便的。"

又过了一个多钟头，阿普顿还低着头列算式。爱迪生有些不耐烦了，马上用一个非常简单的办法就做到了。你知道他是怎么做的吗？

272．最简单的方法往往最有效

传说在古罗马时代，一位预言家在一座城市内设下了一个奇特难解的结，并且预言："将来解开这个结的人必定是亚细亚的统治者。"这个结引来了许多人，大家都想打开这个结，以表明自己的实力可以统治亚细亚。但是，这个被称为Gordian的结长久以来却无人能解开。

当时身为马其顿将军的亚历山大也听说了有关这个结的预言，于是专门跑到这个城市，想去打开这个结。

但是，亚历山大用尽了各种方法都无法打开这个结。最后，他用了一个最简单的办法就把结打开了。你知道他是如何做的吗？

273．赚了多少钱

一个商人以50元的价格卖出了一辆自行车，然后又花了40元买了回来，这样显然他赚了10元钱，因为原来的自行车又回到他的手里，又多了10元钱。现在他把他花40元买来的自行车以45元钱又卖了出去，这样他又赚了5元，前后加起来一共赚了15元。

但是，有一个人却认为：这个人以一辆价值50元的自行车开始，第二次卖出以后他有了55元，也就是说他只赚了5元钱。而50元卖一辆车是一次纯粹的交换，表明不赚也不赔；只有当他以40元买进而以45

元卖出的时候,才赚了 5 元钱。

而另外一个人却认为:当他以 50 元卖出并以 40 元买进时,他显然是赚了 10 元钱;而当他以 45 元卖出时,则是纯粹的交换,不赚也不赔。所以他赚了 10 元钱。

似乎每个人说的都有道理,那么你认为谁才是正确的呢?

274. 分苹果

总公司分给某营业点一箱苹果共 48 个,并给出了分配方法:把苹果分成 4 份,并且使第一份加 2,第二份减 2,第三份乘 2,第四份除 2,分配完与苹果的总数一致。如果你是该营业点的负责人,应该怎么分呢?

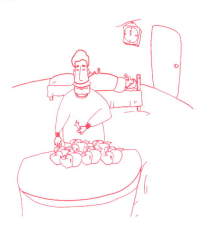

275. 分羊

有一个牧民,死的时候留下来一群羊,同时立了个奇怪的遗嘱:"把羊的三分之二分给儿子,剩下的羊的三分之二分给妻子,再剩下的羊的三分之二分给女儿,就没有了。"三个人数了数羊,一共有 26 只,却不知道该怎么按牧民的遗嘱来分,你能帮助他们吗?

276. 巧断讹诈案

有一次,平原县县令外出,看到一群人围着两个人议论纷纷,便命停轿下去查问。

一个中年胖子立刻跪倒在地对县令说:"我装着十五两银子的钱袋被这个年轻人拾到了。可是,他说钱袋里只有十两银子。"

那个年轻人急忙跪下说:"老爷,早晨我给妈妈买药,拾到一个装着十两银子的钱袋。因为着急就先回家送药,母亲催我回来等失主。这位先生来了硬说里面是十五两银子!"

众人都说胖子讹人,替年轻人喊冤。县令见状便问胖子:"你丢的银子真的是十五两吗?"

"确确实实是十五两银子。"胖子肯定地回答道。

县令当即对胖子说了句话,众人都拍手称快。

请问,县令说了句什么话?

277. 酒精和水

桌子上放着同样大小的两个瓶子,一瓶装着酒精,另一瓶装着水,两个瓶子里的液体一样多。如果用小勺从第一个瓶子中取出一勺酒精,倒入第二个瓶子中;搅匀后,再从第二个瓶子中取一勺混合液,倒回第一个瓶子中,那么这时是酒精中的水多,还是水中的酒精多?

278. 卢浮宫失火

法国一家报纸曾经刊登过这样一个问题:"如果法国最大的博物馆卢浮宫失火了,情况非常紧急,你只能抢救出一幅画,你会抢救哪一幅?"

优等生必学的发散思维 ——培养创新意识

如果是你,你会怎么回答这一问题呢?

279. 扑克占卜

富美子小姐用 25 张扑克占卜。她把 25 张扑克背面朝上排成一个 5×5 的方阵,然后从左上角的扑克开始翻开。如果是黑桃,就接着翻开它下面的那张牌;如果是红桃,就翻开它上面的牌;如果是方块,就翻开它左边的牌;如果是梅花,就翻开它右边的牌。然后重复同样的操作。最后翻过来的扑克越多,就表明越吉利。富美子小姐把所有的扑克都顺利地翻了过来,直到右下角的终点。

请问,除了右下角的那一张,其余的 24 张中红色的和黑色的扑克哪种更多?多了多少?

第六部分　发挥想象

280．难以模仿

动物园里有一只大猩猩非常聪明，可以模仿人的任何动作。一天，小明来动物园看猩猩，对身边的朋友说："我做一个非常简单的动作，它就无法模仿，而且不光是它，就算是再聪明的人也无法模仿。"

你知道小明做的动作是什么吗？

281．穿反的T恤

一天，小明把T恤穿反了，领口的一面穿到了后面。爸爸给小明一个任务，就是用一根绳子把小明的双手连在一起，然后要他把T恤穿正。你知道小明该怎么做才能不解开绳子而穿正衣服吗？

282．借据回来了

一次张三借给了李四10万元，写好了借据，签上了名字。约定借款期为1年，利息是10%。但是张三不小心当天就把借据弄丢了，他非常着急，如果李四知道张三把借据弄丢了，肯定不会还这笔钱的。张三只好找好朋友王五帮忙。王五想了想，叫张三给李四写一封信，李四接到信后，不久就把自己向张三借过钱的证据寄给了张三。你知道张三是怎么做到的吗？

283．丢失的钻石

住在城堡顶层的公主有一颗美丽的钻石。一天，公主把它放在窗子边的桌子上就下楼去玩了。等公主回到房间时，却发现钻石不翼而飞了。过了几天，一位花匠在城堡后面的花园中打死了一条蛇，在蛇肚子里发现了这颗钻石。可是蛇是不可能爬那么高进入公主的房间的，丢失钻石期间又没有人进过公主的房间。你知道钻石是怎么跑到蛇的肚子里的吗？

284．解绳子

如图6-1所示，天花板上固定着两个离得很近的铁环，每个铁环上都系着一根绳子。现在需要把这两根绳子都解下来，你可以顺着绳子爬上去，抓住铁环或者另一根绳子来解开这根绳子，但是你不能把两根绳子都解开，那样你就无法

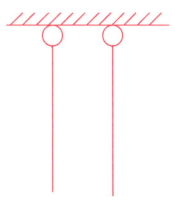

图 6-1

下来了。而天花板与地面距离又很远,在高处时你必须用至少一只手撑住自己的身体,用另一只手解绳子,所以根本无法把绳子系在一起。那么请你想一想,到底该怎样解绳子才能安全地到达地面呢?

285. 国王的难题

一次,国王过生日,给众大臣提出一个难题:大家前来祝寿,不能空着手来,也不能给自己带东西。这个自相矛盾的要求让大家都傻了眼,不知道该怎么办好。这时,一个聪明的大臣想出了一个好主意,并受到了国王的夸奖。你知道他想的是什么主意吗?

286. 金属棒上的图书馆

某一天,外星人来到地球和人类进行了和平友好的交流,教给了我们很多新的科学技术。在他们准备离开的时候,地球方面的代表提出把地球上所有图书馆里的藏书都作为礼物送给外星人,并说:"虽然我们的科学技术没有你们发达,但是这些书里记录了我们所有的文化,你们感兴趣就带走吧。"

外星人回答道:"这些书是你们地球人几千年来的积累,我们带走不太合适,而且我们的飞船也装不下这么多书。不过,我们确实对你们的文明很感兴趣,想把这些书的内容复制下来带回去好好研究。"

地球代表忙道:"我们可以把书的内容扫描下来,刻录成光盘给你们,这样重量会减轻很多。"

外星人道:"不用麻烦,我们只需要一根1厘米长的金属棒,就可以把你们所有书的内容复制下来了。"

你知道这个外星人是如何做到的吗?

287. 谜团

有一位很厉害的律师喜欢帮人打离婚官司。每次都会站在女方一边,尽可能多的为她们争取财产,所以有很多打算离婚的女人都找这位律师帮忙。

一次,这位律师自己也要离婚。律师一如既往地站在了女方一边,为妻子争得了巨额财产。

你知道这是为什么吗?

288. 空中对战

第二次世界大战时,美日两架战机在太平洋上空相遇。美军飞行员首先发现日本飞机,两机高度相同,便水平发射了一枚导弹,而恰恰此时,日军飞机也发现美军向其开火,便熄灭自己的飞机引擎,让飞机向下坠落,想以此逃避美军导弹。假设导弹发射时,两飞机在同一高度,而导弹是水平被发射出去的,不考虑空气阻力,日本飞机能逃脱厄运吗?

289. 谁更有利

教授和两个学生一起吃午饭,教授说:"我们来一起玩个游戏吧。你们俩把各自的钱包放在桌子上,我来数里面的钱。钱少的人可以赢掉另一个人钱包中所有的钱。"

这个游戏对谁更有利呢?

290. 折纸

如果把一张纸对折一下,然后用剪刀在折痕的中间剪1个洞,当你把纸片展开后,纸上就会出现1个洞。如果你把纸对折一下,再成直角对折一下,然后在最后折的一边中间剪1个洞,当把纸片展开后,便会得到2个洞。按这个方法,我想得到32个洞,需要把纸对折几次?

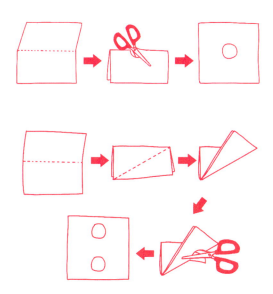

291. 操纵汇率

汇率的形成机制非常复杂,涉及很多的因素。假设世界上只有两个国家,若这两个国家都想通过操纵汇率来获得别国的好处。比如:A国想制定1∶5的汇率,就是用1元A国币换5元B国币来让自己国家的企业用较少的钱,买到更多的B国的服务和产品;而B国也想制定1∶5汇率来得到A国的廉价资源。你觉得这样的汇率操纵能成功吗?

292. 三个正方形

现在有8根铁丝(见图6-2),其中4根的长度是另外4根的2倍,那么在不折弯的情况下,如何用这8根铁丝组成3个大小一样的正方形呢?

图 6-2

优等生必学的发散思维——培养创新意识

293. 转了多少圈

古时候,人们曾用圆木做的滚车移动重物。两根相同的圆木并排放在一起,上面放上石块,向前滚动。如果圆木的周长是 1 米,那么重物前进 16 米,圆木会滚动多少圈?如果换成汽车,汽车轮胎周长是 1 米,如果汽车前行 16 米,轮胎会滚动多少圈?

294. 沙漏的悖论

一个密封的沙漏浮在一个装满水的密封小圆柱中。令人惊讶的是,把小圆柱颠倒过来后,沙漏并没有立即浮上来。它先沉在底部,直到大部分沙子都漏下后才浮到顶部。

你知道是什么阻碍了沙漏上浮吗?

295. 环球旅行

经常听说有人环球旅行。可是,在地球上怎样才算"环球"呢?大家都很茫然,主要是弄不清"环球旅行"的定义。现在假设:"只要是跨过地球上所有的经度线和纬度线,就可以算环球旅行。"那么请问,在这样的假设下,环球旅行的最短路程大概是多少公里?不过,解这个题时为了简化,可以把地球看作一个正圆球,赤道周长是 4 万公里。

296. 移动水杯

小明的妈妈是化学老师。一天,小明来到实验室做作业。做完后想出去玩。这时小明的妈妈叫住他:"等等,妈妈还要考你一个题目。"她接着说,"你看这里有 6 只用来做试验的玻璃杯,前面 3 只盛满了水,后面 3 只是空的,你能只动 1 只玻璃杯,就使盛满水的杯子和空杯子间隔起来吗?"爱动脑筋的小明是学校里有名的"小机灵",他只想了一会儿就做到了。你知道他是怎样做的吗?

297. 莫比乌斯带

一条纸带应该有两面。如果把纸带一头旋转一下和另一头粘在一起,就形成了一个纸圈。你能把这个纸圈带一面涂成红色的,一面涂成绿色的吗?

298. 奇妙的莫比乌斯带

莫比乌斯带就是把一条纸带的一端翻一个面和另一端粘在一起所形成的环。从莫比乌斯带中间把它剪成三条,你知道它会变成什么吗?

图 6-3

299. 交叉的莫比乌斯带

如图 6-3 所示,这是将一个十字形纸片对边的两条纸带分别相连组成的两个闭合圆环:一个莫比乌斯带和一个普通的环。(不是两个环套在一起,而是其中一部分相连)如果你沿着中间的线把它们分别剪开,它会变成什么样子呢?

第六部分　发挥想象

300．切西瓜

瓜农在卖西瓜的时候，对西瓜切 4 刀，最多能把西瓜切成多少块？

301．魔术

有一天，豆子和小羽在看一个魔术节目。魔术师邀请了 5 位现场观众上来参与表演，他先让观众检查他手上的牌有没有问题，然后请观众在 52 张扑克牌中任选 25 张。魔术师将这 25 张牌分成 5 组，要 5 位观众各选一组，再从各自选择的那组中选出一张"记在心里"，也就是不可以跟任何人讲，没有人知道观众心里记的是什么牌，当然，魔术师也不知道。这时候，魔术师将 25 张牌收回来，然后开始洗牌，只见其手法利落，纸牌飞一般地重新编组。然后他又将牌分成 5 组，先拿出第一组 5 张，问 5 位观众，是否这 5 张中有他们心中的牌，若有则点头，但不需说出是哪一张；若无则摇头。当然，第一组牌问完后又问第二组，以此类推。魔术师将手中的牌分组后，在 5 个观众面前分别放一张牌，然后问观众，是否这张牌就是他们心中的牌。当然，结果就是他们心中记忆的牌。电视机旁的小羽拼命鼓掌。

"这不过是巧用数学罢了。"在一旁沉思已久的豆子兴奋地说，"如果我有他的洗牌技术，我也可以表演这个魔术。"

请问，豆子说的是真的吗？

302．双胞胎转圈

一对双胞胎胖瘦一样，有个人问他们："如果一个人站着不动，另一个人贴着他绕一圈，外面的这个人从初始位置绕着固定的那个人转一圈回到原点，他自转了几周？如果里面的那个人拉着外面的人的手，同样转一圈，外面的人转了几圈？"

303．转圆环

两个圆环，半径分别是 1 和 2，小圆在大圆内部绕大圆圆周转一周，问小圆自身转了几周？如果在大圆的外部，小圆自身转了几周呢？

304．各转了几圈

一个小圆沿着一个直径是它直径 5 倍的大圆做圆周滚动，当它回到起点时，它转了几圈？如果是咬合在一起的大小两个齿轮，大齿轮是小齿轮直径的 5 倍，大齿轮转一圈小齿轮转几圈？

305．绝望的救助

一根绳子穿过无摩擦力的滑轮，在一端有一个大圆盘，上面坐着小红，绳子的另一端是小明，正好取得平衡。小红的位置比小明高 1 米，这时两人都静止在绳子上，突然小明发现小红在流血，自己有救治药物，但是必须两个人都在一个水平线上，他才能把药交给小红。那么小明怎样运动才能把药给小红？（假定绳索与滑轮本身没有重量，也没有摩擦力）他是该向上爬还是向下爬？

优等生必学的发散思维 —— 培养创新意识

306．分析罪犯

1940年11月16日，纽约爱迪生公司大楼一个窗沿上发现一颗土炸弹，并附有署名F.P的纸条，上面写着：爱迪生公司的骗子们，这是给你们的炸弹！

这种威胁活动越来越频繁，越来越猖狂。1955年竟然放上了52颗炸弹，并炸响了32颗。对此报界连篇报道，并惊呼此行动的恶劣，要求警方给予侦破。

纽约市警方在16年中煞费苦心，但所获甚微。所幸还保留几张字迹清秀的威胁信，字母都是大写。其中，F.P写道：我正为自己的病怨恨爱迪生公司，要使它后悔自己的卑鄙罪行。为此，不惜将炸弹放进剧院和公司的大楼等。

警方请来了犯罪心理学家布鲁塞尔博士。博士依据心理学常识，应用层层剥笋的思维技巧，在警方掌握材料的基础上做出了分析推理，很快就找到了罪犯。

你知道他是如何推理的吗？

307．一只猫毁了一个指挥部

第一次世界大战期间，法国和德国交战时，法军的一个旅司令部在前线构筑了一座极其隐蔽的地下指挥部。指挥部的人员深居简出，十分诡秘。不幸的是，他们只注意了人员的隐蔽，而忽略了长官养的一只小猫。德军的侦察人员在观察战场时发现：每天早上八九点钟左右，都有一只小猫在法军阵地后方的一座土包上晒太阳。

据此，他们判定那个掩蔽点一定是法军的高级指挥所。随后，德军集中六个炮兵营的火力，对那里实施猛烈袭击。

事后查明，他们的判断完全正确，这个法军地下指挥所的人员全部阵亡。

你知道他们判断的依据是什么吗？

308．日本人巧探大庆油田

大庆油田是我国在20世纪60年代勘探、开发的一个大油田，当时，绝大多数中国人都不知道大庆油田在哪，但日本人却对大庆油田了如指掌。

他们没有采取秘密刺探的手段，仅从中国的官方资料上就查明和推算出所需的一切情报。另外，日本人搜集秘密情报的思维方法与常人大不相同，他们是沿着一条见微知著的思路，从公开的情报中搜集到有用的信息，这种搜集方式虽然简单易行，但却要求信息分析人员具备较高的思维素质和洞察力，能够迅速分辨哪些信息有用、哪些信息无用，哪些信息是真的、哪些信息是假的。

你知道他们是怎么推理出来的吗？

309．寻求真相

一群人组织去原始森林里打猎。这些人分成了几个小组，每个小组都有一部步话机。如果遇到险情，可以用这部步话机联系在这个地区上空徘徊的直升机。

当大家都打猎回来后，人们发现其中有个小组失踪了。通过努力寻找后，人们在一个山谷里找到了他们的尸体。

这些人是怎么遇难的？为什么这些人没有得救？如果你是活动的组织者，就不得不考虑这个问题。是因为这些人不知道怎样使用步话机吗？是因为他们过于惊慌导致没有想起使用步话机吗？还是因为负责接收步话机信号的直升机驾驶员玩忽职守？又或者步话机的信号被山体隔断了？总之在没有进一步调查之前，这些可能都是存在的。

遇到类似的问题时，我们该如何寻求事情的真相呢？

310．奇怪的大钟

从我住处的窗口往外看，可以看到镇上的大钟。每天，我都将自己的闹钟按照大钟上显示的时间校对一遍。通常情况下，两个钟上的时间是一样的，但有一天早上，发生了一件奇怪的事情：我的闹钟显示为差 5 分钟到 9 点；1 分钟后显示为差 4 分钟到 9 点；但再过 2 分钟时，仍显示为差 4 分钟到 9 点；又过了 1 分钟，闹钟则显示为差 5 分钟到 9 点。

一直到了 9 点，我才突然醒悟过来，到底是哪里出了错。你知道是什么原因吗？

311．填空题目

下面 10 道小题分为是非题和数字题两种。（是非题：要求回答是或非；数字题：要求回答一个整数）

(1) 包括这道题在内，所有数字题答案的总和为 _____。（整数）

(2) 所有是非题里，答案是"是"的题目数为 _____。（整数）

(3) 第一题的答案是否是所有数字题答案里最大的？_____。（是 / 非）

(4) 包括这道题在内，有几道题的答案和本题的答案是相同的？_____。（整数）

(5) 所有数字题的答案都是正数吗？_____。（是 / 非）

(6) 包括这道题在内，所有数字题答案的平均值为 _____。（整数）

(7) 第四题的答案大于第二题的答案吗？_____。（是 / 非）

(8) 第一题的答案除以第八题的答案，等于 _____。（整数）

(9) 第六题的答案等于第二题、第四题答案的差，减去第四题、第八题答案的积，是吗？_____。（是 / 非）

(10) 本题的答案为 _____。（此题可能为是非题，也可能是整数题）

312．第 9 张牌

一副牌 54 张，先数出 30 张牌，在数的时候记下第 9 张，然后把 30 张牌牌面朝下放到一边。剩下的牌第一张比如是 5，就从 5 开始数一直数到 10，以此类推数出三条牌列来（如果是 J、Q、K，就放到最后，再继续数）。三条牌列摆好后，把剩下的牌放到先前数好的 30 张牌上。现在把每条的第一张拿出来相加得出一个数，从旁边的 30 多张牌堆里去数，会发现正好就是你之前记的第 9 张牌。

每次数那三条牌列时都是随机的，为什么记第 9 张，每回都能猜出来呢？

313．盒子与锁

A、B 两人是密探，各自有一把不能被破坏的锁和只能开自己那把锁的钥匙。现在 A 想把一张扑克寄给在另一个城市的 B，又怕扑克被人偷看。A 还有一个可以用锁锁住的盒子，

优等生必学的发散思维 —— 培养创新意识

那么他应该如何利用这只盒子把扑克安全地寄给 B 呢？

314．扑克牌数字游戏

小李、小王、小刘、小方、小邓和小周 6 个人在一起玩扑克牌数字游戏，用的是一副牌中的 2～9，共 32 张牌。每人随机摸了 5 张牌，且每人只能看见自己的牌。每人将自己的 5 张牌排列组成一个 5 位数，得到以下结论，请根据这些话判断剩下的两张牌是什么。

小李："无论如何排列，我的数字都可以被 36 整除。"

小王："无论如何排列，我的数字都不可能被 2～9 的所有整数整除。"

小刘："我的 5 张牌是连续的，也就是 5 个相邻的数字。"

小方："这么说来，咱们 6 个人能够做出的 5 位数中，最大的数和最小的数都在我这儿了。"

小邓："我能够做出来的 5 位数中，最小的可以被 5 整除，最大的可以被 8 整除。"

小周："这样啊！那么除了小方以外的 5 个人能够做出的 5 位数中，最大的数和最小的数都在我这儿了。"

315．猜扑克牌

桌上有 8 张已经编号的扑克牌扣在上面，它们的位置如图 6-4 所示。

在这 8 张牌中，只有 K、Q、J 和 A 这四种牌。其中至少有一张是 Q，每张 Q 都在两张 K 之间，至少有一张 K 在两张 J 之间。没有一张 J 与 Q 相邻，其中只有一张 A，没有一张 K 与 A 相邻，但至少有一张 K 和另一张 K 相邻。

你能找出这 8 张扑克牌中哪一张是 A 吗？

316．菱形扑克阵

9 张扑克牌摆放成一个如图 6-5 所示的菱形图案，有一张牌被故意隐藏起来了，你能根据这个牌型的规律，猜到问号处的牌是什么吗？

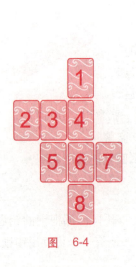

图 6-4

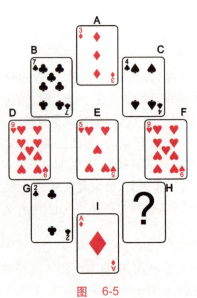

图 6-5

第六部分 发挥想象

317. 放错的扑克牌

小月把扑克牌中黑桃 1～9（见图 6-6）排成三排，其中有一张位置放错了，请问是哪一张？

318. 扑克牌的分类

小陈把几张扑克牌分成上下两组，如图 6-7 所示。

那么，梅花 5 该放到哪一组呢？

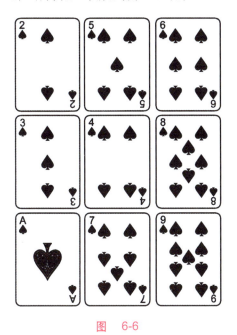

图 6-6

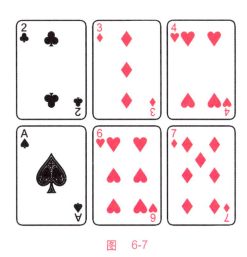

图 6-7

319. 猜牌游戏

占牌大师手拿一张方块的扑克牌。若拿放大镜放大这张牌的一部分，发现呈现如图 6-8 所示的图形。究竟这张牌是方块几呢？

320. 判断开关

屋内有 4 盏灯泡，屋外对应有 4 个开关。现在你从屋外走到屋内，不能再出去，如何能确定 4 个开关分别对应哪盏灯？

图 6-8

321. 戴眼镜

为什么戴眼镜的英国人比戴眼镜的爱尔兰人多？

322. 只需回答

爸爸站在女儿的房间外，问了女儿一个问题（爸爸并不知道答案）。无论女儿如何回答，即使是错的，只要女儿回答了，爸爸就可以知道正确答案。你知道爸爸问的是什么问题吗？

优等生必学的发散思维 ——培养创新意识

323．挑战

爸爸拿出一块普通的手绢,对儿子说:"我把这块手绢放在地板上,你站在一个角上,我站在另外一个角上,不允许把它撕开或者剪开,我可以做到让你够不到我。"儿子不相信。爸爸却真的做到了。你知道爸爸是怎么做的吗?

324．通货膨胀

1 元 =100 分 =10 分 × 10 分 =1 角 × 1 角 = 0.1 元 × 0.1 元 = 0.01 元 =1 分

1 元怎么变成了 1 分?上面这个计算过程哪里出了问题呢?

325．10 个太阳

如图 6-9 所示,传说中,天空中有 10 个太阳,为了让它们各管一方,玉皇大帝画了 3 个一样大的圆圈,就把它们分成了 10 个区域,而且每个区域都只有一个太阳。你能做到吗?

326．太阳变风车

图 6-10 是由 12 根火柴组成的一个太阳图案。现在请移动其中 4 根火柴,使它变成一个风车图案。你会移动吗?

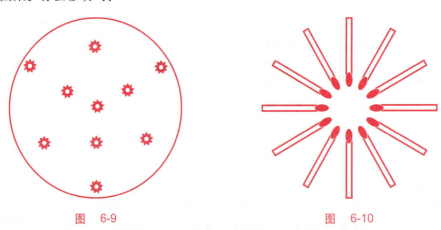

图 6-9　　　　　　　　图 6-10

327．没有重力

请仔细想想,地球上是否有没有重力的地方?如果有,在哪里?

328．谁做得对

两个宇航员驾驶飞船来到一个新的星球,这颗星球上只有一种气体——氢气。因为光线太暗,一个宇航员拿出打火机想照明。可是马上被另外一个宇航员阻止了,说他这样做可能会引起氢气爆炸。

你觉得他们谁的做法对?

329．画中的人

小明在家中装了一个画框。第二天,画框中的风景没有变,可里面的人却不见了。这到底是怎么回事呢?

第六部分 发挥想象

330．奇怪的举动
小明拿着两本书来到柜台前,工作人员说:"请付20元。"小明交完钱后转身离开了,可是并没有拿走那两本书。当然他肯定不是忘记了。你知道这是为什么吗?

331．钟摆问题
一个钟摆,当它摆到最高点的时候,突然断了,请问此时钟摆会如何落下?

332．过河
一条河上没有桥,也没有渡船。一个大人带着一块长度为4.9米的木板想从河的A岸到达B岸,一个孩子带着一块长度为5.1米的木板想从河的B岸到达A岸。而河的宽度是5米。大人的木板不够长,孩子的力气小无法把整块木板伸过河搭到对岸。请问,用什么办法才能让两个人都平安过河呢?

333．何时成立
在什么情况下等式6+7+2=3成立呢?

334．奇怪的时间
在我们生活的地球上,有这样一个地方,无论我们把钟表调成几点几分,都是正确的时间。请问这个地方在哪里?

335．影子大小
早上日出的时候,一架刚刚在地面起飞的飞机和一架在空中200米高度飞行的飞机,它们的影子哪个比较大?

336．电梯
第二次世界大战期间,德国占领了法国巴黎。在一家旅馆内,四位客人乘坐同一部电梯。其中有一位身穿军服的纳粹军官,一位法国的爱国青年,一位漂亮的姑娘,还有一位老妇人。突然,电梯发生故障停了下来,灯也熄灭了,电梯里黑漆漆的什么都看不见。然后,听到一声接吻声,紧接着是一巴掌打在人脸上的声音。过了一会儿电梯恢复了运行,灯也亮了。只见那名纳粹军官的脸上出现了一块明显的被打过的痕迹。

老妇人心想:"真是活该,欺负女孩子就应该有这种报应。"

姑娘心想:"这个人真奇怪,她没有吻我,想必吻的是那个老太太或者那个小伙子。"

而纳粹军官心里却在想:"怎么了?我什么都没做,可能那个小伙子亲了姑娘,而姑娘却错手打了我。"

只有那名法国青年对电梯里发生的一切了如指掌。你知道到底发生了什么吗?

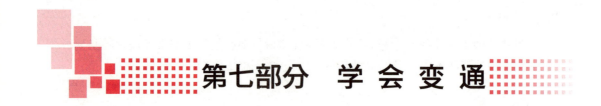

第七部分　学会变通

337．旅行家的见闻

一位旅行家从非洲回来,跟朋友说:"我在非洲见过一个人,她的身体里有两颗心脏,而且都跳动得很正常。"你觉得这可能吗?

338．亲兄弟

有一对亲兄弟好久没见面了。一天,两人见面后,哥哥说:"过几天我的侄子要结婚。"可是,对弟弟来说,并没有一个近期要结婚的侄子。请问这是怎么回事?

339．牙医

一个牙疼的病人去镇上唯一的一家牙科诊所就诊。诊所里只有两名医生,一个有一口好牙,另一个的牙齿却很糟糕。请问病人会找哪位医生为自己看病呢?

340．同一速度

一辆自行车在什么情况下可以保持与一辆汽车同一速度、同一方向行驶?

341．挑选建筑师

一个国王要为自己建一座宏伟的城堡,于是他找来国内的5位著名建筑师,想从中选择一位最出色的人负责这个项目。可是国王对5个人的能力一无所知,而5位建筑师对互相的情况却很了解。请问国王该怎么挑选建筑师呢?

342．超车

爸爸开着新买的小汽车带着小明绕着东湖观赏风景。这时,小明发现后面有一辆破旧的小货车,与他们方向相同,开得很慢,不久就被远远甩到后面看不见了。小明有点累,闭上眼睛休息了一会儿。等他再次睁开眼睛的时候,突然发现刚才那辆破旧的小货车竟然在他们前面。这条路是单行线,而且只有2米多宽,他实在想不出小货车是如何超车过去的。你知道这到底是怎么回事吗?

343．怎样把水烧开

一位满怀烦恼的青年在寻找一位智者。他大学毕业后,曾豪情万丈地为自己树立了许多目标,可是几年下来,依然一事无成。一天,他来到一个小山村,听说村子的学校里有一名德高望重的老师,是远近闻名的智者,于是便去拜访。

他找到智者时,智者正在校内小屋里读书。智者微笑着听完青年的倾诉,对他说:"来,你先帮我烧壶开水!"

青年看见墙角放着一把大水壶,旁边是一个小火灶,可是没发现柴火,于是便出去找。他在外面拾了一些枯枝回来,装满一壶水,放在灶台上,在灶内放了些柴火便烧了起来。可是由于壶太大,那捆柴火烧尽了,水也没开。于是他跑出去继续找柴火,等找到了足够的柴火回来,那壶水已凉得差不多了。这回他学聪明了,没有急于点火,而是再次出去找了些柴火。由于柴火准备充足,一会儿就把水烧开了。

智者忽然问他:"如果没有足够的柴火,你该怎样把水烧开?"

青年想了一会儿,摇摇头。

你知道该怎么做吗?

344．什么关系

小明的班级新转进3名同学,这3个人相貌几乎相同,出生日期相同,连父母亲的名字都相同。但当别人问他们是不是三胞胎的时候,他们却异口同声地说:"不是!"

你知道他们是什么关系吗?

345．买不起

小刘和小赵约好一起去买钢琴,小刘的妈妈给了她3000元,小赵的妈妈给了她1500元。两人来到琴行,发现最便宜的钢琴也要4000元,于是就想合伙买一架,但是当把钱凑到一起的时候,发现只有3000元。俩人确定都没有花过妈妈给的钱,那么问题到底出在哪里了呢?

346．不可思议的答案

你能想象一下,在什么情况下,8加10等于6吗?

347．解救女儿

又到了一年收租子的时候了,由于水灾,长工老牛家今年麦子欠收,拿不出麦子交租,便到地主家求情。地主说:"如果我就这么放了你,别人都不给我交租,那我岂不是没有任何办法了?你把你的女儿卖给我顶今年的租子吧。"老牛很爱自己的女儿,誓死不肯把女儿抵给地主,就说:"如果这样,不如杀死我。"地主说:"那我给你出道题,你能答出来,就推迟你一年时间交租子。我这里有两个水缸,每个水缸能装7桶水,左边这个已经装满了,右边的那个只装了4桶水。拿着这个水桶,只准你用一次,在不搬动水缸的情况下,让左边水缸里的水比右面水缸里的水多。你要是做不到就让你女儿来我家做工吧,别说我没有给你机会。"别的长工听到这个题目都觉得老牛这下完了,因为谁都知道,如果只允许用水桶舀一次,那么两个水缸里的水将是7-1=6和4+1=5。后者怎么可能比前者多呢?

正当老牛一筹莫展的时候,老牛媳妇想出了一条妙计。地主不得不放了老牛的女儿。你知道她是怎么做到的吗?

348. 钻石窃贼

神父有一个贵重的十字架,上面镶有很多价值连城的钻石,钻石的排列如图 7-1 所示。

但是神父也不知道十字架上钻石的总数,他每次只是从上面开始数,数到中间那一颗的时候再分别向左、向右、向下继续数,每次都是 13 颗。有一次,这个十字架出了点儿问题,神父叫修理匠来修一下。这个修理匠很贪财,他知道神父数钻石的方法,于是他偷偷地把钻石拿走了两颗,而神父却没有发现。你知道他是如何做到的吗?

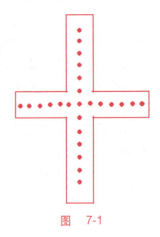

图 7-1

349. 有意思的钟

爷爷有两只钟,一只钟两年只准一次,而另一只钟每天准两次,爷爷问小明想要哪只?如果你是小明,你会选哪只呢?当然,钟是用来看时间的。

350. 念课文

有个小孩语速很慢,习惯在两个字之间停顿。大人让他从 1 数到 4 需要 12 秒才行。那么,以同样的语速,从 2 数到 9 需要多少秒?

351. 摆放镜子

有三个人,一个人脸朝向东,一个人脸朝向西,一个人脸朝向北,请问至少需要几面镜子,才能使这三个人相互看得见对方?这些镜子又该怎么摆放呢?

352. 填空题

根据 5(月)+ 7(月)=1(年)这个思路,你能在下面数字后面的括号里填上合适的计量单位,让等式成立吗?

400（ ）+ 600（ ）=1（ ）
360（ ）- 36（ ）=13.5（ ）

353．不准的天平

有一个天平由于两臂不一样长,虽然一直都处于平衡状态,但是长时间没有人用。现在实验员小刘想用2个300克的砝码,称出600克的实验物品,你能给他想个办法吗?

354．拉绳子

如图7-2所示,如何拉动这只线圈,才能使它朝前后任意一个方向运动呢?

图 7-2

355．确定开关

两个房子互为隔壁,一个房子中的三个开关控制另一个房子中的三盏灯。你只能进入这两个房子各一次,怎么来判断哪个开关控制哪盏灯呢?

356．长工的佣金

有个地主请了一个长工,他会在地主家工作一段时间,但不会超过两个月（60天）,约好的工钱是每天1两银子,当工作做完后,长工随时可以拿银子走人。不巧地主要出门一趟,想给儿子留些银子付长工钱。不过地主既不想留太多的银子,也不想留下过于琐碎的银子。那么请想一想,地主最少需要留几块各几两的银子,才能让儿子付工钱呢?

357．赊玉米

村子里有5户人家关系不错,春季播种时,互相赊了一些玉米种,约定到秋收时按借的玉米种的2倍归还玉米。已知5户人家玉米种赊借的关系如下：A借给了B 5公斤玉米种；B借给了C 10公斤玉米种；C借给了D 15公斤玉米种；D借给了E 20公斤玉米种；E借给了A 25公斤玉米种。秋收时,你能不能想一个办法：在动用最少的玉米且移动最少的次数的情况下进行结算呢?

358．巧分大米和小麦

王阿姨去市场买了5公斤大米,又替张奶奶买了5公斤小麦。但是由于只带了一个布袋,所以她将小麦放在了布袋里,然后扎紧,又将大米装在了上边。她准备回家后把大米倒出来,然后用布袋把张奶奶的小麦送过去。可是就在王阿姨回家的路上,正好遇到了拿着布袋的张奶奶。

请问,在没有任何其他容器的情况下,她们怎样才能把各自的粮食装到自己的布袋里呢?

359．哪天请假

张小姐是公司的高级白领,平时工作非常忙。下个星期她还有一些工作以外的活动必须参加：

(1) 陪儿子参观博物馆；

(2) 去税务局缴税；

(3) 去医院陪妈妈做体检；

(4) 去见一个老朋友。

而且她知道，朋友下周三外出办事，其他时间都在；税务局每个星期六都会休息；博物馆只有在周一、周三、周五开放；体检医生每逢周二、周五、周六值班。

张小姐只能请一天假，她必须在一天之内完成所有的事。

请问，她应该在星期几请假呢？

360．放大镜的局限

有什么东西，是无论如何都不能被放大镜放大的？

361．饲养员的计谋

有一个饲养员养了很多梅花鹿，为了提高鹿群的繁殖率，他做了如下思考：一个鹿群只需要一头公鹿就行，母鹿越多，繁殖的小鹿就会越多，所以，如果要增加养殖场的效益，最好是能控制出生小鹿的性别——母鹿越多越好、公鹿越少越好。由此，他想到了一个方法：如果一头母鹿生的是母鹿，就让它继续生下去；但一旦这头母鹿生了公鹿，就通过人为干预的方式禁止它继续生小鹿。这样每头母鹿都会生几头小母鹿和最多一头公鹿；不久之后，母鹿的数量就会大大超过公鹿了。你认为这个方法可靠吗？

362．没有工作

小王辛苦工作了一年，到了年底，找老板要年底奖金。老板说："你基本上都在忙自己的事，根本没为我工作几天，怎么能要奖金呢？"小王不服气，就问老板自己每天都忙什么了。老板给他列了个表：

(1) 睡觉（每天 8 小时），合 122 天；

(2) 双休日 2×52=104（天）；

(3) 吃饭（每天 3 小时），合 45 天；

(4) 娱乐（每天 2 小时），合 30 天；

(5) 公司年假，15 天；

(6) 每天中午休息 2 小时，合 31 天；

(7) 你今年请了 5 天事假；10 天病假。

总计：122+104+45+30+15+31+5+10=362（天）。

这样，一年中只有 3 天的时间上班，所以根本没有时间工作。小王看了，觉得这样计算也有道理。实际上，老板做了手脚，你能发现其中的问题吗？

363．是天堂还是地狱

天堂和地狱在某个秘密的角落里是相连的，这个通道是上帝与撒旦约定交换特殊灵魂的地方。大家都知道通过这个通道从地狱到天堂和从天堂到地狱的时间都是一样的：16 分钟——大家把这个称为"黄金 16 分钟"。如果有哪个灵魂从地狱升到了天堂，那么他就可以享受天堂的快乐了;而如果某个灵魂不小心从天堂掉向地狱,就会到地狱受苦。为了避免这些事情发生,上帝在这个通道口设置了看守。由于这个工作很无聊,上帝允许这个看守每 9 分钟看一眼通道就行,如果发现有灵魂出没,就责令他回去。在这个严苛的制度下,没有灵魂能来回出入。但传说有一个灵魂从地狱溜到了天堂,你能想象出他是怎么做到的吗?

364．谁在前面

小明是个胖子,想要开始跑步,选定了楼下 400 米的操场。操场上经常有长跑运动员训练。有一天,小明又去跑步。

一会儿,小张从外面回去,对经理说:"小明在那个专业运动员后面跑。"

过了一会儿,小李说:"被那个运动员落下了很远的距离。"

又一会儿,小王说:"接下来的一段时间,小明会跑在运动员前面。"

这是怎么一回事?

365．商品中的发散思维

日本有一家企业生产瓶装味精,瓶子内盖上有 4 个孔,顾客使用时只需甩几下,很方便。可是销售量一直徘徊不前。全体职工费尽心机,销售量还是不能大增。后来一位家庭主妇提了一条小建议。厂方采纳后,不费吹灰之力便使销售量提高了近 1/4。

你知道这个小建议是什么吗?

366．伏特加

有一个酒鬼,嗜酒如命。喝了多年的伏特加之后,他的身体实在是不行了,医生千叮咛万嘱咐不能再喝了。但是如果就此停下,对他的健康也很不好,考虑再三后,医生同意他喝酒的同时要喝另一种药水,喝多少酒就喝多少药水。可是,有一天两个瓶子上的标签掉了,分不清瓶子内装的是什么,该怎么办?

367．设计错误

一列火车的重量大约为 1200 吨。有个长 2 米的桥,设计承重为 150 吨,火车司机看到后马上抗议:"这座桥的设计有问题,火车上去一定会塌的。"是这么回事吗?

368．小房间

一个小房间里有 n 个人,游戏规则是:每次可以从房间里走出 2/3 的人,然后再进去 2 个人,这算一次。经过 12032 次之后,房间里还有 3 个人。那么,你知道最开始房间里有多少人吗?

优等生必学的发散思维 —— 培养创新意识

369. 机智的老板

有三个小偷,偷了一颗价值连城的钻石,他们在如何保管赃物上达成了协议:"在钻石未兑成现款之前,由三人一起保管,须三人同意方可取出钻石。"一天,他们来到浴室洗澡,把装钻石的盒子交给老板,并吩咐:"要在三人同时在场时,方可交回盒子。"在洗澡时,丙提出向老板借把梳子,并问甲、乙是否需要,两人都说:"需要。"于是丙到老板那里,向老板索取盒子,老板拒绝了。丙向老板解释,是另外两人要他来取的,并大声向甲、乙喊:"是你们要我来取的吧?"甲、乙还以为是梳子,就随口应道:"是的。"老板听后无话可说,便把盒子交给丙。丙带着盒子逃走了。甲、乙两人等了好久不见丙回来,感到事情不妙,忙来到老板处取盒子,发现已被丙骗走了,于是揪住老板要求赔偿。老板说是征得你们两人同意的,两人坚持说丙问的是梳子,并且三人也没同时在场。甲、乙非要老板交回盒子,正僵持不下,老板灵机一动,说了一句话,两人听了,只得垂头丧气地走了。

你知道老板究竟说了句什么话吗?

370. 换不开

美元的基本换算单位和币值为:1 美元合 100 美分,小币值的硬币有 50 美分、25 美分、10 美分、5 美分和 1 美分。玛丽的硬币总共有 1.15 美元,可是她却换不开 1 美元,也换不开 50 美分,甚至连 25 美分、10 美分、5 美分都换不开。那么她的 1.15 美元到底是由哪些硬币组成的呢?

371. 买到假货

王江在商场里买了几瓶酒,结果回到家发现其中有两瓶是假酒。王江第二天找了电视台的人一起去商场理论,但是商场认为王江不能证明假酒是这家商场卖出去的,所以不予赔偿。王江很委屈,但最后也无可奈何。

如果你是王江,你要如何证明自己从商场买酒了呢?

372. 换牌逻辑

几个人玩牌,每个人抽一张牌,然后比大小。在比大小前,可以互相自愿换牌,但在换之前不能让对方知道自己的牌。如果这些都是非常聪明的人,请问会有人能够换到比自己手中更大的牌吗?

373. 兄弟俩

有个游客,晚上住在当地一位农夫的家里。这家有两个兄弟互相较劲,想掰手腕,并让游客当裁判,游客不愿意,说自己累了。

哥哥就对游客说:"我们打赌怎么样?如果我赢了弟弟,我给你 200 元;如果我输了,你只要给我 100 元。"

弟弟来了兴趣,认为自己完全有力量赢哥哥,也

对游客说："我也跟你打赌。如果我赢了,我也给你200元;如果我输了,你只要给我100元。"

如果你是这个游客,你愿意和这两个兄弟打赌吗?

374．遗产

张三的伯父去世了,因为没有其他亲属,便留下遗嘱说将自己数百万元的遗产全部留给张三。这天,张三赶到伯父家中处理遗产。清点之后发现,只有少量现金和一张存折,存折上数目也不多。打开保险柜,里面除了一些证件、户口本之外,还有一个信封。信封很普通,上面贴着两枚陈旧的邮票,没有写地址和收信人,遗嘱就放在这个信封里。就算加上这栋房子,也只有几十万元。伯父说的数百万元的遗产到底在哪儿呢?

375．三枚硬币

桌上放着三枚硬币,都是正面朝上。现在要你将其翻过来,但必须两枚一起翻。请问需要几次才能把三枚硬币都翻成反面朝上呢?

376．数数比赛

两个孩子进行数数比赛,从1数到100。甲一秒钟数一个数,乙一秒钟数两个数,当甲数到80时,乙数到了多少?

377．牛吃草

假设1头牛一年能吃4亩地的牧草,现在把3头牛关在一个20亩的牧场中,请问几年可以把草吃光?

378．发牌

四个人发一副扑克牌,发到中间的时候,忘记该发给谁了,怎样才能不数牌而又继续正确发牌呢?

379．喝果汁

一个人倒了满满一杯果汁,喝了半杯后,加满了白开水,然后又喝了半杯,又加满了白开水。请问他一共喝了几杯果汁?

380．喝茶

一个人倒了满满一杯茶,喝了半杯后,加满了白开水,然后又喝了半杯,又加满了白开水。请问他一共喝了几杯茶?

381．训练牧羊犬

李太太花高价买了一只正宗的德国牧羊犬,带到德国请当地最有名的驯犬中心帮助训练这只牧羊犬。一年后,终于训练成功了。但是当李太太接回牧羊犬时,为什么她的任何指令牧羊犬都不听呢?

优等生必学的发散思维 —— 培养创新意识

382．水杯的大小

小明家有很多奇形怪状的玻璃杯。一天妈妈让小明比较一下两个不规则的玻璃杯哪个容积大。你能想出的最简单的办法是什么呢？

383．过河

两个人都想过一条河，但是河上没有桥，只有一条只能载一人的小船。但是最后两个人都成功地到了河对岸。请问这是为什么？

384．跳远

一个小男孩，想跳过一条 2 米宽的河，可是试了很多次都失败了。后来，他没有用任何工具，却一下子就跳了过去，你知道这是为什么吗？

385．找宝箱

小明和妈妈玩藏宝游戏。两人选定一棵大树，妈妈从树下向东走了 10 步，埋下了一个"宝箱"；小明从树下向西走了 10 步，也埋下了一个"宝箱"。过后他们却把这件事情忘记了。直到 5 年以后，才想起这件事情，于是他们决定一起去挖自己当年埋起来的"宝箱"。妈妈从那棵大树下向东走了 10 步，挖了一会儿，挖出了自己的"宝箱"。小明从树下向西走了 10 步，可是挖了半天也没有挖到自己的"宝箱"。你知道小明的"宝箱"到哪里去了吗？

386．不消失的字

小明的邻居在他家窗前建了一栋违章建筑，挡住了小明家的阳光。小明非常气愤，就用纸打印了"违章建筑"四个字，贴在了邻居家的建筑上。可是第二天，这张纸却被人偷偷撕掉了。于是小明想了个好办法，这次无论邻居如何擦洗、遮盖、抠挖都除不掉这些字迹。你知道小明是如何做到的吗？

387．拼车

两个人拼车。第一位乘客坐了 4 公里就要下车；第二位乘客还要继续坐 4 公里才下车。车费一共是 24 元。请问两个人该如何分担车费才公平呢？

388．平行线

如图 7-3 所示，AB、CD 是两条平行线，请问你用什么方法可以让它们不平行呢？

389．调钟

小明家有一个老式的摆钟，一到夏天的时候就走时很准，可一到冬天它就会变快。这是怎么回事呢？

390. 移动线段

如图7-4所示，下面这些是液晶表盘显示的数字，它们构成的这个算式现在是不正确的。你至少需要移动几根线段，才可以把它变成正确的等式呢？

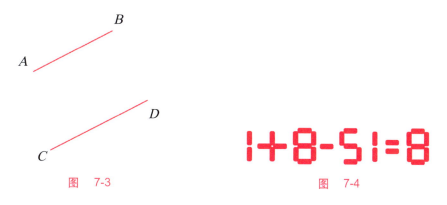

图 7-3　　　　　　　　　　图 7-4

第八部分　策略思维

391. 抢报35游戏

晶晶和春春在玩一个叫"抢35"的游戏。游戏规则很简单：两个人轮流报数，第一个人从1开始，按顺序报数，可以只报1，可以报1、2，也可以报1、2、3、4。第二个人接着第一个人报的数再报下去，但最多只能报四个数，而且不能一个数都不报。例如，第一个人报的是1，第二个人可以报2，也可以报2、3；若第一个人报了1、2，则第二个人可以报3，也可以报3、4、5、6。接下来仍由第一个人接着报，如此轮流下去，谁先报到35谁胜。

晶晶很大度，每次都让春春先报，但每次都是她胜。春春觉得其中肯定有猫腻，于是坚持要晶晶先报，结果还是以晶晶胜居多。为什么？

392. 赌命游戏

传说在迷津渡口蹲着个恶魔，凡是不小心走到这里的人都需要和恶魔进行一场赌博。有个聪明人来到迷津渡口，恶魔对他说："我坐在一堆石头上，这里一共有10003颗石头。我们两个轮流从中取走1颗、2颗或者4颗石头，谁取到最后一颗石头就输了。如果你输了就把灵魂留下来；如果我输了，就让你过去。"如果你是这个聪明人，应该怎么做才能稳赢？

393. 海盗分金

五个海盗抢到了100颗宝石，每一颗都一样大小且价值连城。他们决定这么分：抽签决定自己的号码（1、2、3、4、5），然后由1号提出分配方案让大家表决，如果有半数或者超过半数的人同意，那么就按照他的方案进行分配，否则他将被扔进大海喂鲨鱼。如果1号死了，就由2号提出分配方案，然后剩下的4人进行表决，如果有半数或者超过半数的人同意，就按照他的方案进行分配，否则也将被扔进大海喂鲨鱼，以此类推。每个海盗都是很聪明的人，都能很理智地判断，从而做出选择。那么第一个海盗应该提出怎样的分配方案才能使自己的收益最大化呢？

394. 骰子赌局

有一种赌博方式很简单：赌桌上画着分别标有1、2、3、4、5、6的6个方格，参赌者可以把钱押在任意1个方格上作为赌注，钱多钱少随意。然后庄家掷出3个骰子，如果有1个骰子的点数是你所押的方格的数字，你就可以拿回你的赌注并从庄家那里得到与赌注相同数量的钱；如果有两个骰子的点数与你所押的方格的数字相同，那么你就可以拿回你的赌注并得到两倍于赌注的钱；如果有3个骰子的点数与你所押的方格的数字相同，那么你就可以拿回你的赌注并得到3倍于赌注的钱；当然，如果每个骰子都不是你所押的数字，赌注就会被庄家拿走。

举例来说，假设你在6号方格押了1元钱。如果有1个骰子掷出来是6，你就可以拿回你的1元钱并另外得到1元钱；如果2个骰子是6，你就可以拿回你的1元钱并另外得到2元钱；如果3个骰子都是6，你就可以拿回你的1元钱并另外得到3元钱。

参赌者可能会想：我所押的数字被一个骰子掷出的概率是1/6，因为有3个骰子，所以概率为3/6，也就是1/2，所以这个赌局是公平的。

聪明的你现在来想一想，这个赌局真的公平吗？如果不公平，那么是对庄家有利还是对参赌者有利呢？有利多少？

395. 报数游戏

甲、乙两人玩轮流报数游戏。甲先报，第一次只允许报出1或2的K次方（K为自然数），然后乙接着报，他也是只允许增加1或2的K次方（K为自然数），谁先报到3000谁就赢。

请问，这个游戏最终谁将获胜？为什么？

396. 小魔术

这是一个小魔术，由两个人配合与一名观众一起表演：一副扑克牌去掉大王和小王，余52张。由观众随机抽5张给魔术师助手，助手看完牌后选1张牌扣在桌面上，并把另外4张牌按某种顺序排成1排。观众按顺序将4张牌的花色和点数说给魔术师听，魔术师听过这4张牌后准确无误地说出开始扣在桌上的那张牌是什么。当然，魔术师和助手在之前讨论过方案。另外，助手在整个过程中不能以任何方式将信息透露给魔术师。请问魔术师的策略是什么？

397. 怎样取胜

战场上，两军厮杀，到最后只剩下了四个人。其中一人是甲方的将军，他力大无穷，武艺超群。另外三个人都是敌方的副将，三人武艺也都不俗。单打独斗，甲方的将军肯定会获胜，但是以一人之力对战三人，将必死无疑。这时，甲方的将军突然想到了一个好主意，最终他

优等生必学的发散思维 —— 培养创新意识

轻松杀死了三名敌军副将,取得了胜利。你知道他是怎么做到的吗?

398. 聪明程度

1987 年的某一天,伦敦的《金融时报》刊登了一个很怪异的竞赛广告。这个广告要求参与者寄回一个 0~100 的整数,获胜条件是被选择的数最接近全体参与者寄回的所有数的平均值的 2/3。获胜者将获得两张伦敦到纽约的飞机头等舱的往返机票。

如果你是这个竞赛的参与者,你会选哪个数呢?

399. 聪明的弟子

苏格拉底的三个弟子曾向他请教这样一个问题:怎样才能找到理想的伴侣?

苏格拉底并没有正面回答他们,而是让他们三人走进麦田,从一头出发到另一头,中途只许前进不许后退。在这期间他们可以摘取一株麦穗,但仅有一次机会。最后比一下谁摘的麦穗最大。田地里的麦穗有大有小,有挺拔光鲜的,也有低矮瘪空的,所以三人必须想好该如何做出自己的选择。

第一个弟子先行。他想:只有一次机会,那么一旦看到又大又漂亮的麦穗,我就应该立刻摘取它,这样绝对不会留下遗憾。这样想着,没走几步,这个弟子就发现了一株既饱满又漂亮的麦穗,于是兴奋地将其摘到手,心中的得意无以复加。然而好景不长,当他继续前进时,发现前面有许多比他手中的麦穗更大更漂亮的,但他已经没有机会了,心情瞬间跌到了谷底,只能无奈又遗憾地走完了剩下的路程。

轮到第二个弟子时,因为有第一个弟子的前车之鉴,于是他想:麦田里的麦穗这么多,一开始看见的肯定不是最好的,后面一定有更好的,所以我不能急着摘取,机会只有一次,要谨慎再谨慎。带着这样的想法他也开始了行程。刚开始时,他果然也发现了又大又美丽的麦穗,但他忍住了没摘,他相信后面会看见更好的,于是继续前行。一路上他又发现了不少优秀的麦穗,他依然没有下手,每一次他都想,后面会有更好的,不能急,要谨慎。就这样直到走到田地尽头他的手中还是空空如也,他已经错过了所有好的麦穗,然而却已经无法回头了,只好随手摘了一株普通的麦穗。

第三个弟子最聪明,他看到前两个人的惨淡收场,暗下决心要吸取他们的教训。你知道他是如何做的吗?

400. 滚球游戏

古代丹麦有一种滚球游戏,据说现代的保龄球就是从它演变而来的。玩这种游戏的时候,将 13 根木柱在地上站成一行,然后用一只球猛击其中一根木柱或相邻的两根木柱。由于击球者距离木柱极近,玩这种游戏无须什么特殊技巧,可随心所欲地击倒任意一根木柱或相邻的两根木柱。比赛者轮流击球,谁击倒最后一根木柱,谁就是赢家。

和瑞普进行比赛的是一位身体矮小的山神,他刚刚击倒了 2 号木柱。

瑞普应该在22种可能性中做出抉择：要么击倒12根木柱中的一根，要么把球向10个空当中的任意一个投去，以便一次同时击倒两根相邻的木柱。为了赢得这一局，瑞普应该怎么做才好呢？假定比赛双方都能随便击倒其中一根或相邻的两根木柱，而且双方都是足智多谋的游戏高手。

401．损坏的瓷器

有两个出去旅行的女孩，一个叫"中原一点红"，一个叫"沙漠樱桃"，她们互不认识，各自在景德镇同一个瓷器店内购买了一个一模一样的瓷器。当她们在上海浦东国际机场下飞机后，发现托运的瓷器可能由于运输途中的意外而遭到损坏，她们随即向航空公司提出索赔。但由于物品没有发票等证明价格的凭证，于是航空公司内部评估人员估算其价值应该在1000元以内。因为航空公司无法确切知道该瓷器的价格，于是便分别告诉这两位漂亮的女孩，让她们把该瓷器当时购买的价格分别写下来，然后告诉航空公司。

航空公司认为，如果这两个女孩都是诚实可信的人，那么她们写下来的价格应该是一样的，如果不一样，则必然有人说谎。而说谎的人总是为了能获得更多的赔偿，所以可以认为申报价格较低的那个女孩更加可信，并会采用较低的那个价格作为赔偿金额，此外会给予那个给出更低价格的诚实女孩价值200元的奖励。

如果这两个女孩都非常聪明，她们最终会写多少钱呢？

402．意想不到的老虎

有一个死囚将于第二天被处死，但国王给了他一个活下来的机会。国王说，明天将会有五扇门让你依次打开，其中一扇门内关着一只老虎，如果你能在老虎被放出来前猜到老虎被关在哪扇门内，就可以免你一死。"但是，"国王强调，" 你要记住，老虎在哪扇门内，绝对是你意想不到的。"

死囚为了能够活下来，苦思了很久。他想：如果明天我打开前四扇门后，老虎还没有出来，那么老虎一定在第五扇门后。但国王说这是一只意想不到的老虎，因此老虎一定不在第五扇门后。这样就只剩下前四扇门。再往前推，如果我打开前三扇门，老虎还没有出来，那它一定在第四扇门后。同样因为这是一只意想不到的老虎，所以老虎也不在第四扇门后。这样只可能在前三扇门中。如此再往前推，老虎也不可能在第三扇、第二扇甚至是第一扇门中。也就是说，门里根本就没有什么老虎！看来国王是想饶自己一命。想通了这一点，死囚安心地睡去了。

第二天，当死囚满怀信心地去打开那几扇他自认为的空门时，老虎突然从其中一扇门里（比如第三扇门）跑了出来。国王没有骗他，这确实是一只意想不到的老虎。那为什么会这样呢？死囚的推理错了吗？如果错了，又错在哪一步呢？

403．罪犯分汤

有一个监狱，每个房间关着8个犯人。傍晚时候，狱卒会在每个房间门口放一桶汤，这就是犯人们的晚餐。8个犯人会自由决定怎么分这些汤，最开始，他们每天轮流派一个人分汤。慢慢地，大家发现那个分汤的人总会有些偏心，给自己或者关系比较好的朋友多分一些。所以他们决定改变这种方式，另外派一个人监督。刚开始的时候效果挺好，但过一段时间后，发现监督的人出现受贿问题，分汤的人给监督者多分一些汤，监督者就不会再管汤分得是否公平了。于是他们又决定轮流监督，但是问题依然存在。后来他们决定成立一个三人的监督小组，汤分得公平了，可是每天为分汤的问题忙得不可开交，等到吃饭的时候汤早就凉了。

因为分汤的问题，这个房间的犯人打了好几次架，最后，有一个狱卒提出了一个很简单的方法，让他们的汤分得平均起来。其实有的时候，简单才是最有效的。你能想到这种方法吗？

404．巧过关卡

第二次世界大战爆发后，德军对犹太人的迫害达到顶点。那时乔安娜六岁，一家人想要逃出柏林，她爸爸托人拿到了一张通行证。一家四口来到了位于柏林城外一个独木桥上的关卡，上面贴了告示，规定：一个通行证最多可以带两人出入，但不记名也可重复使用。爸爸算了一下：爸爸单独走过独木桥需要2分钟，妈妈需要4分钟，乔安娜需要8分钟，奶奶需要10分钟。每次两个人出关卡，还需要有人把通行证拿回来。但是还有24分钟，城里的追兵就要追上来了。他们能逃脱吗？

405．古老的堆物博弈

巴什博弈：有一堆 n 个物品，两个人轮流从这堆物品中取物，规定每次至少取一个，最多取 m 个，最后取光者得胜。

威佐夫博弈：有两堆各若干个物品，两个人轮流从某一堆或同时从两堆中取同样多的物品，规定每次至少取一个，多者不限，最后取光者得胜。

尼姆博弈：有三堆各若干个物品，两个人轮流从某一堆取任意多的物品，规定每次至少取一个，多者不限，最后取光者得胜。

406．有病的狗

有50户人家，每家一条狗。有一天警察通知，50条狗当中有病狗，行为和正常狗不一样。每人只能通过观察别人家的狗进行对比来判断自己家的狗是否生病，而不能看自己家的狗。如果判断出自己家的狗病了以后，就必须当天一枪将其打死。结果，第一天没有枪声，第二天没有枪声，第三天出现一阵枪响。问：一共死了几条狗？

407．纸牌游戏

小明、小李和小王三人玩一种纸牌游戏，一共用36张牌，它们是18个对子。然后从中间随机抽出一张放在一旁，谁也不知道它是什么牌。这样就剩下了17个对子，还有一个单张。然后按照下列规则玩牌：

（1）小明发牌，先给小李1张，再给小王1张，然后给自己1张。如此反复，直到发完所有的牌；

（2）在每个人都把手中成对的牌拿出之后，每人手中至少剩下1张牌，而三个人手中的牌总共是9张；

（3）在剩下的牌中，小李和小明手中的牌加在一起能配成的对子最多，小王和小明手中的牌加在一起能配成的对子最少。

那么，请问那个唯一的单张发给了谁？

提示：应先判断出给每个人发了几张牌以及每两个人手中的牌加在一起能配成对子的数目。

408．摔跤比赛

一个训练队里共有30名摔跤队员，男女各半。一天，教练让他们在训练场上站成一行，左半边15名都是男的，右半边15名都是女的。然后教练在他们中间随意指派连续的15名队员后退3步，这30名队员马上形成了前后2排，每排15人。

然后教练说："前排左起第8名队员和后排左起第8名队员听好了，如果你们的性别相同，那么你们就进行一场摔跤比赛。"

请问，这场比赛可能举行吗？

409．走独木桥

一个人带着一只狗、一只猫和一筐鱼过独木桥，由于狗和猫不敢过，他得抱着它们过去。为了自身的安全，一次只能带一样东西过桥。但是当人不在的时候，狗会咬猫、猫会吃鱼。请问这个人要怎样做才能把三样东西都带过河呢？

410．急中生智

有个农民挑着一对竹筐赶集去买东西。当他来到一座独木桥上时，对面来了个孩子，他想退回去让孩子先过桥，但是回身一看，后面也来了个孩子。正在进退两难之际，农民急中生智，想了个巧办法，使大家都顺利地通过了独木桥，而且三个人谁也没有后退过一步。

请问，农民用的是什么方法？

411．过河（1）

两个女儿，两个儿子，一个爸爸，一个妈妈，一个警察，一个罪犯。他们要过一条河，河上只有一条小船，小船每次只能乘坐两个人，其中只有爸爸、妈妈和警察会划船。

而且当妈妈不在的时候，爸爸会打女儿；爸爸不在的时候，妈妈会打儿子；而罪犯只要警察不在谁都会打。

请问，他们怎样才能安全过河？

412．狼牛齐过河

前提：在河的任何一岸，只要狼的个数超过牛的个数，那么牛就会被狼杀死吃掉；而狼的个数等于或者少于牛的个数,则没事。现在有 3 只狼和 3 头牛要过河,却只有一条船,如果一次只能两个动物搭船过河,如何才能让所有动物都安全过河?

413．过河（2）

有 3 对夫妇,要过一条河。河中只有一条小船,每次最多只能载 2 个人。6 个人中只有妻子甲、丈夫乙、妻子丙 3 人会划船。而且任何一位妻子都不想和除了自己丈夫以外的男人单独在一起。

请问,6 个人该如何安排过河?

414．动物过河

大老虎、小老虎、大狮子、小狮子、大狗熊、小狗熊要过一条河,其中任何一种小动物少了自己同类大动物的保护,都会被别的大动物吃掉。6 个动物中,只有大老虎、小老虎、大狮子、大狗熊会划船,可现在只有一条船,一次只准坐 2 个动物,怎样才能保证 6 个动物顺利到达彼岸而不被吃掉?

415．村口的一排树

在一座偏僻的山里有一个村庄。村里有 100 家住户。每家住户都有一个还没有结婚的孩子。

在这个村里已经形成了一个奇特的风俗。孩子的父母如果发现自己的孩子恋爱,就要在当天去村口种一棵树为孩子许愿。当然,父母必须有确切的证据来证明自己的孩子恋爱了。由于害羞,孩子不会主动告诉父母自己恋爱了。其他村民发现某家孩子恋爱了也不会告诉那个孩子的父母,但会在村子里相互传递这一信息,因此,一个孩子恋爱后,除了其父母不知道外,其他村民都知道。

而事实上是,村子里的这 100 家住户的孩子都恋爱了,但由于村民不会把知道的事实告诉恋爱孩子的父母,因此没有人去村口种树。

村子里有一个辈分很高的老太太,她德高望重,诚实可敬。每个人都向她汇报村里的情况,因此她对村里的情况了如指掌,她知道每个孩子都恋爱了,当然,其他村民不知道她所知道的。

一天,这位老人说了一句很平常的话:"你们的孩子当中至少有一个已经恋爱了。"于是,村里发生了这样一个事情:前 99 天,村里风平浪静,但到了第 100 天,所有的父母都去村口种树了。

为什么会这样呢?

416．谁没有输过

爸爸、妈妈和儿子三人玩了两盘纸牌游戏,其玩法是:游戏者轮流从别人手中抽牌,直到有一人手中只剩下 1 个单张,此人便是输者。在抽牌后若配成了对子,便打出这对牌。如果一个人从第二个人手中抽了一张牌并打出一个对子之后,手中已经无牌,则轮到第三个人抽牌时就从第二个人手中抽。通过抽牌来配成对子,并且尽量避免手中只留下1个单张。

在每一盘接近尾声的时候:

(1) 爸爸只有1张牌,妈妈只有2张牌,儿子也只有2张牌;这5张牌包括2个对子和1个单张,但任何人手中都没有对子;

(2) 爸爸从妈妈手中抽了1张牌,但没能配成对;

(3) 妈妈从儿子手中抽了1张牌,随后儿子从爸爸手中抽了1张牌;

(4) 在任何一盘中,没有一人手中两次拿着同样的一手牌;

(5) 没有一人连输两盘。

请问在两盘游戏中,谁没有输过?

提示:先判断三人手中纸牌的分布,然后判定一盘游戏该怎样进行,才能做到没有一人手中两次拿着同样的一手牌。

417. 巧胜扑克牌

现有扑克牌智力题如下。

甲方:1个2,3个K,3个J,2个Q,2个7,2个6,2个5,2个4,1个3

乙方:2个A,2个10

规定:由甲方先出,先出完者为胜。规则符合一般出牌规则,此外可出三带双(如3个J带2个4),但不可出三带一(如3个K带1个3)。可出五连顺(如3、4、5、6、7),但不可出四连顺(如4、5、6、7),也不可出连对(如4、4、5、5等)。

问甲方可否胜出?

418. 没有出黑桃

爸爸和儿子二人玩一种纸牌游戏,规则如下:双方先后各出一张牌为一圈。后手在每一圈中都必须按先手出的花色出牌,除非手中没有相应的花色,而先手则可以随意出牌。每一圈的胜方即为下一圈的先手。

开始的时候,双方手中各有四张牌,其花色如下。

爸爸手中:黑桃—黑桃—红桃—梅花

儿子手中:方块—方块—红桃—黑桃

(1) 双方都各做了两次先手;

(2) 双方都各胜了两圈;

(3) 在每一圈中先手出的花色都不一样;

(4) 在每一圈中都出了两种不同的花色。

在打出的这四圈牌中,哪一圈没有出黑桃?

注:王牌至少胜了一圈。王牌是某一种花色中的任何一张牌,它可以:①在手中没有

先手出的花色的情况下出王牌,这样一张王牌将击败其他三种花色中的任何牌;②与其他花色的牌一样作为先手出的牌。

提示:从先手和胜方的可能序列中判定王牌的花色,然后判断在哪一圈时先手出了王牌并取胜。最后判断在哪一圈时出了黑桃。

419.猜纸片

有一个人喜欢玩猜纸片,规则是这样的,他拿出三张完全相同的纸片,在每张纸片的正反两面分别画上✓、✓;×、✓;×、×(如图8-1所示)。然后他把这三张纸片交给一个参与者,参与者选出一张,放在桌上。他只要看一眼朝上那面,就可以猜出朝下的是什么标记。如果猜对了,就请对方给他100元;猜错了,他给对方100元。

纸片上✓和×各占总数的一半,也没有其他任何记号,应该对双方都是公平的。你觉得他有优势吗?

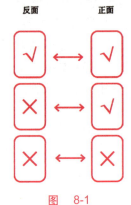

图 8-1

420.该怎么下注

轮盘赌是一种很简单的游戏,在圆盘上标着譬如"奇数""偶数""3的倍数""5的倍数"等,只要你猜对了数字,你就可以得到相应倍数的钱。

在一次赌局中,已经到了最后决定胜负的关键时刻。占第一位的是赌圣周星星先生,他非常幸运地赢了700个金币。占第二位的是赌神丽莎小姐,她赢了500个金币。其余的人都已经输了很多,所以这最后一局就只剩下周星星先生和丽莎小姐一决胜负了。

周星星先生还在犹豫着,考虑怎样才能赢得这次赌局。若将手上筹码的一部分押在"奇数"或者"偶数"上,如果赢了,他的赌金就会变成现在的2倍。而这时丽莎小姐已经把所有的筹码都押在了"3的倍数"上,赢了赌金就会变成现在的3倍,如果够幸运,她就可以赢到1500个金币,那样就能反败为胜了。

试想,如果你是周星星先生,你应该怎样下注才能确保赢呢?

421.不会输的游戏

有一种赌博游戏叫作"15点"。规则很简单,桌面上画着3行3列9个方格,上面标有1~9的数字。庄家和参赌者轮流把硬币放在这9个数字上,谁先放都一样。谁先把加起来为15的3个不同数字盖住,那么桌上的钱就全归他所有。

先看一下游戏的过程:一位参赌者先放,他把硬币放在7上,因为7被盖住了,其他人就不可以再放了。其他一些数字也是如此。庄家把硬币放在8上。参赌者把硬币放在2上,这样他以为下一轮再用一枚硬币放在6上就可以赢了。但庄家看出了他的企图,把自己的硬币放在了6上,堵住了参赌者的路。现在,他只要在下一轮把硬币放在1上就可获胜了。参赌者看到这一威胁,便把硬币放在1上。庄家笑嘻嘻地把硬币放到了4上。参赌者看到庄家下次只要把硬币放到5上便可赢了,就不得不再次堵住他的路,把一枚硬币放在5上,但是庄家却把硬币放在了3上,因为8+4+3=15,所以他赢了。可怜的参赌者输掉了这4枚硬币。

原来,只要知道了其中的秘密,庄家是绝对不会输的。你知道是如何做到的吗?

422. 蜈蚣博弈的悖论

蜈蚣博弈是由罗森塞尔(Rosenthal)提出的。它是这样一种博弈:两个参与者A、B轮流进行策略选择,可供选择的策略有"合作"和"背叛"("不合作")两种。假定A先选,然后是B,接着是A,如此交替进行。A、B之间的博弈次数为有限次,比如10次。假定这个博弈各自的支付如图8-2所示。

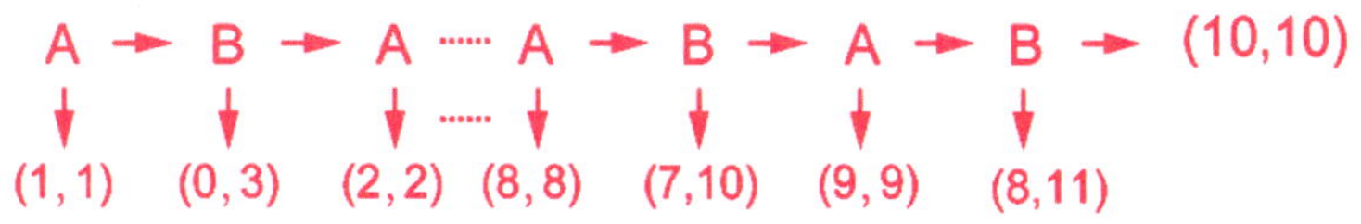

A → B → A ······ A → B → A → B → (10,10)
↓   ↓   ↓   ······ ↓   ↓   ↓   ↓
(1,1) (0,3) (2,2) (8,8) (7,10) (9,9) (8,11)

图 8-2

博弈从左到右进行,横向箭头代表合作策略,向下的箭头代表不合作策略。每个人下面对应的括号代表相应的人采取不合作策略,博弈结束后,各自的收益,括号内左边的数字代表A的收益,右边代表B的收益。

现在的问题是A、B会如何进行策略选择?

423. 酒吧问题

酒吧问题(bar problem)是美国人阿瑟提出的。阿瑟是斯坦福大学经济学系教授,同时也是美国著名的圣塔菲研究所(SantaFe Institute)的研究人员。他不满意经济学中认为的经济主体或行动者(agent)的行动是建立在演绎推理的基础上的,而认为其行动是基于归纳的基础上的。酒吧问题就是他为了说明这个问题而提出的。

该博弈是说:有一群人,比如总共有100人,每个周末均要决定是去酒吧活动还是待在家里。酒吧的容量是有限的,比如空间是有限的或者座位是有限的,如果人太多了,酒吧的人会感到不舒服,此时,他们留在家里比去酒吧更舒服。假定酒吧的容量是60人,或者座位是60个,如果某人预测去酒吧的人数超过60人,他的决定是不去,反之则去。这100人该如何做出去还是不去的决策呢?

424. 花瓣游戏

有一个有意思的小游戏,两个人拿着一朵有13片花瓣的花,轮流摘去花瓣。一个人一次只可以摘一片或者相邻的两片花瓣,谁摘到最后的那片花瓣谁就是赢家。有一个聪明的小姑娘发现,只要使用一种技巧,就可以在这个游戏中一直获胜。那么,这个获胜的人是先摘的人还是后摘的人?需要用什么方法呢?

425．倒推法博弈

在某个城市假定只有一家房地产开发商 A，我们知道任何没有竞争的垄断都会获得极高的利润，假定 A 此时每年的垄断利润是 10 亿元。

现在有另外一个企业 B 准备从事房地产开发。面对 B 要进入其垄断行业的局面，A 想：一旦 B 进入，我的利润将受损很多，B 最好不要进入。所以 A 向 B 表示：只要你进入，我将阻挠你。假定当 B 进入时 A 阻挠，A 的利润降低到 2 亿元，B 的利润是 −1 亿元；如果 A 不阻挠，A 的利润是 4 亿元，B 的利润也是 4 亿元。

这是房地产开发商之间的博弈问题。A 的最好结局是"B 不进入"，B 的最好结局是"进入"而 A"不阻挠"。但是，这两个最好的结局却不能同时得到。那么结果是什么呢？

A 向 B 发出威胁：如果你进入，我将阻挠。而对 B 来说，如果他进入时 A 真的阻挠，他将损失 −1 亿元（假定 −1 亿元是它的机会成本），当然此时 A 也有损失。对于 B 来说，A 的威胁可信吗？

426．将军的困境

两个将军各带领自己的部队埋伏在相距一定距离的两座山上等候敌人。将军 A 得到可靠情报说，敌人刚刚到达，立足未稳，没有防备，如果两支部队一起进攻，就能够取得胜利；而如果只有一方进攻，进攻方将失败。这是两位将军都知道的。但是 A 遇到了一个难题，就是如何与将军 B 协同进攻？那时没有电话之类的通信工具，而只有通过派情报员来传递消息。将军 A 派遣一个情报员去了将军 B 那里，告诉将军 B，敌人没有防备，两军于黎明时分一起进攻。然而可能发生的情况是，情报员失踪或者被敌人抓获。即将军 A 虽然派遣情报员向将军 B 传达"黎明一起进攻"的信息，但他不能确定将军 B 是否收到他的信息。还好情报员顺利回来了，可是将军 A 又陷入了迷茫：将军 B 怎么知道情报员肯定会回来了？将军 B 如果不能肯定情报员回来，他必定不会贸然进攻的。于是将军 A 又将该情报员派遣到 B 地。然而，他同样也不能保证这次情报员肯定到了将军 B 那里……

如果你是这两位将军中的一个，你有什么办法吗？

427．分遗产

有一对姐弟，父母过世后留下了一些财物，一共 6 件：冰箱、笔记本电脑、洗衣机、打火机、自行车、洗碗机。

他们约定，由姐姐先挑选，但只能拿一样，然后弟弟再拿，也只能拿一样，如此循环。

实际上，姐弟俩对于这六样东西的偏好程度有不同的排序。

姐姐：①冰箱；②笔记本电脑；③自行车；④洗碗机；⑤洗衣机；⑥打火机。

弟弟：①笔记本电脑；②打火机；③洗碗机；④自行车；⑤冰箱；⑥洗衣机。

若两个人诚实地选择，结果会是什么？（所谓诚实地选择，即指每个人选择时都是从剩下的物品中选择自己认为价值最高的物品。）

如果姐姐做出策略性选择，那么结果会是什么？（所谓策略性选择，就是选择那些对方认为价值最高的物品，而同时对手又不会拿走自己认为价值最高的物品。）

428．理性的困境

两个人分一笔总数固定的钱,比如100元。方法是:一人提出方案,另外一人表决。如果表决的人同意,那么就按提出的方案来分;如果不同意,两人将一无所获。比如A提方案,B表决。如果A提的方案是70:30,即A得70元,B得30元,如果B接受,则A得70元,B得30元;如果B不同意,则两人将什么都得不到。

如果叫A来分这笔钱,A会怎样分?

429．纽科姆悖论

一天,一个从外层空间来的超级生物欧米加在地球着陆。

欧米加搞出一个设备来研究人类的大脑,它可以十分准确地预言每一人在二者择一时会选择哪一个。

欧米加用两个大箱子检验了很多人。箱子A是透明的,总是装着1000美元;箱子B不透明,它要么装着100万美元,要么空着。

欧米加告诉每一个受试者:"你有两种选择,一种是你拿走两个箱子,可以获得其中的东西。可是,当我预计你这样做时,我就让箱子B空着。你就只能得到1000美元。另一种选择是只拿箱子B。如果我预计你这样做时,我就放进箱子B中100万美元。你能得到全部款项。"

说完,欧米加就离开了,留下了两个箱子供人选择。

一个男人决定只拿箱子B,他的理由是——

我已看见欧米加尝试了几百次,每次他都预计对了。凡是拿两个箱子的人,只能得到1000美元。所以我只拿箱子B,就会变成百万富翁。

一个女孩决定要拿两个箱子,她的理由是:欧米加已经做完了他的预言,并已离开。箱子不会再变了。如果B是空的,那它还是空的;如果它是有钱的,它还是有钱的。所以我要拿两个箱子,就可以得到里面所有的钱。

你认为谁的决定更好?两种看法不可能都对,那么哪一种错了?它为何错了?

430．如何选择

有个农夫有两个儿子,农夫死后,两个儿子想要分农夫的遗产。小儿子将农夫遗产平均分成两份,大儿子说:"这样吧,咱们两个都是说话算数并很理性的人。我把遗产分成两份,你来选,如果你做出不合理的选择,我就在你选择的那份基础上再奖励你100万元。怎么样?"小儿子听了之后,觉得很好,就答应了。农夫留下来的遗产共有10万元,大儿子把这些遗产分成A:0元;B:10万元。

请问,小儿子应该如何选择?

431. 是否交换

　　一个综艺节目举行抽奖游戏。他们准备了两个信封，里面有数额不等的钱，交给 A、B 两人。两人事先不知道信封里面钱的数额，只知道每个信封里的钱数为 5 元、10 元、20 元、40 元、80 元、160 元中的一个，并且其中一个信封里的钱是另一个信封里的 2 倍。也就是说，若 A 拿到的信封中有 20 元，则 B 信封中就有 10 元或者 40 元。

　　A、B 拿到信封后，各自看自己信封中钱的数额，但看不到对方信封中钱的数额。如果现在给他们一个与对方交换的机会，请问，他们如何判断是否交换？

432. 与魔鬼的比赛

　　有个人不小心走到了魔鬼的属地，魔鬼要把他的灵魂留下，让他永世不得超生，这个人争辩道："我是不小心走到这里的。"魔鬼便说："我们做个游戏吧，如果你赢了我，我就放你走。这里有一个圆盘，我可以随时把它变大或者变小，还有无数的圆形棋子，我也可以随时把它们一起变大或者变小。我们轮流拿棋子放到圆盘上，每人放一次，棋子不能重叠，如果轮到一个人放棋子时圆盘上剩余的空间已经不允许再放一个棋子了，他就输了。"这个人问："你要变棋子的大小时，是不是圆盘上的和没在圆盘上的要一起变大或变小？"魔鬼说："是的，并且棋子一定不会大过圆盘。"这个人选择第一个先下，魔鬼同意了。后来不管魔鬼怎么变化，这个人总是会赢。即使魔鬼耍赖再来一盘，只要这个人先下，他都会赢。你知道这是为什么吗？

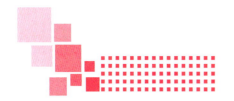 

答 案

第一部分 突发奇想

1. 越狱
土被间谍一点点从马桶冲走了。

2. 比萨斜塔
因为比萨斜塔只有在一个特定的角度看才能看出是倾斜的。如果在它的正对面或者背面的时候,就只能看到它是笔直的。

3. 倒硫酸
小明先找一些玻璃球放入硫酸中,使液面升至10升处,然后把硫酸倒出到5升的位置即可。

4. 氢气球
这是红色的气球,因为在晴朗的夏天,颜色深的气球吸热更多,所以红色的气球会更大一些。

5. 一艘小船
把三把锁一个套一个锁在一起形成一个长链,然后锁在船的铁链上,这样每个人都可以自由地打开和锁上这艘船了。

6. 孙膑与庞涓吃饼
孙膑从容地拿了1个饼吃了起来。当庞涓还在吃第2个饼时,孙膑已经吃完了手中的饼,又从桌上拿了2个饼,于是桌上没有饼了。最后孙膑吃了3个饼,庞涓只吃了最初拿的2个饼。

我们看到,故事中庞涓先拿了2个饼,最后他输了,所以,显然这不是他最好的策略。那么如果庞涓一开始只拿1个饼呢?这时候,如果孙膑拿2个饼,孙膑必然是输家。那么孙膑的策略也只能是拿1个饼。庞涓、孙膑各拿了1个饼后,剩下3个饼,此时就看谁吃的快了,谁吃得快谁再拿2个饼,成为最终的赢家。

7. 首因效应
牌子上写着"额满,暂不雇用"。

这名大学生通过自己制作的牌子表达了自己的机智和乐观,给总编留下了美好的"第一印象",引起其极大的兴趣,从而为自己赢得了一份满意的工作。这种"第一印象"的微妙作用,便是首因效应了。

8．开玩笑

这是那个玩滑板的孩子做的,他把自行车锁着的前轮放在滑板上固定好,靠后轮驱动着车子,把车子骑走了。

9．比赛

因为两人都在一楼商场门口,基德上3楼,只要爬2层。而柯南到地下3层要下3层楼。柯南一定会输的。

10．桥的承受能力

桥撑不住。牛顿第三运动定律指出：力的作用是相互的。杂技演员把球扔向空中时对球施加了一个力,这个力比球的重力大。这个力,加上小丑和剩下两个球的重量,一定会压垮桥的。

11．丢失的螺丝

从其他3个轮胎上各取下1个螺丝,用3个螺丝固定刚换下来的轮胎,可以勉强开到修车厂。

12．消失的邮票

王老先生把普通的大邮票周围涂上胶水,中间盖住自己那枚珍贵的邮票,粘在了明信片上,歹徒当然找不到了。

13．12÷2=7？

把罗马数字12（XII）拦腰切成两半,就成了两个罗马数字7（VII）。

14．称重的姿势

一样的,只要不动都一样。

15．怎么摆放最省力

一样的,不管怎么摆,货物的总重不会变。

16．仆人的难题

她只需把地毯卷起来,直到能够到皮球为止即可。

17．判断材质

把两个球都加热到相同的温度,然后同时放入同等质量的水里,测水的温度升高情况,温度升得高的就是比热容大的,铅的比热容大于金,所以水温高的就是铅球。

18. 如何开宾馆门

每个人拿1把自己房间的钥匙,然后把12个人和12个宾馆房间编号,将另外一把1号房间的钥匙放到2号房间里,把2号房间的钥匙放在3号房间里,以此类推,11号房间的钥匙放在12号房间里,12号房间的钥匙放在1号房间里。这样,任何一个人回来,只要打开自己的房间门,就能拿到下个房间的钥匙,用下个房间里的钥匙打开再下一个房间的门……这样,任何一个人回来就都能打开所有房间了。

19. 邮寄物品

找一个长、宽、高都是1米的箱子,把零件斜着放进去。因为1米见方的箱子的对角线正好超过1.7米,这样就符合规定了。

20. 8个三角形

将2根火柴棒底端的正方形对齐,然后将其中的一根转动45°角即可。

21. 拉断一根绳子

当我把下面的绳子慢而稳地拉住,上面的绳子就要承受书的重量和下面绳子的拉力。于是这根绳子上的拉力就要比下面的绳子大,它当然会先断。

如果我猛地一拉,惯性就会起作用。一开始书还没有被这一猛拉影响,所以拉力没有被传递到上面的绳子,于是下面的绳子受到了更大的力,先断了。

22. 发明

不能,即使能发明出来,也没有东西去装它,而它还会毁灭整个世界。

23. 加热还是冷冻

说的不对。加热后孔将变大。这是因为孔外面的金属可以看成由一个条形的材料弯成的圈。加热的时候,金属条伸长,所以原来的孔变大了。轮子加热后套入轴,就是这个道理。同样,瓶盖太紧拧不开的时候,把它放在热水里加热就能拧开了。

24. 动动数字

$1001 - 10^3 = 1$。

25. 坐板凳

不可能。这个小朋友把2号小朋友和17号小朋友搞混了。

26. 小气的皇帝

原来,这块土地的南北和东西方向是这个正方形的两条对角线,所以面积只有5000平方米,而不是10000平方米。

27. 4个三角形

解这道题不能局限在一个平面上,而是要向立体方向发展。只需把6根火柴摆成一

优等生必学的发散思维——培养创新意识

个正四面体,也就是一个棱锥体即可。另外有一个小技巧,可以使火柴不借助任何工具就可以保持这一形状,那就是把两根火柴的头部靠在一起,并呈60°角,第三根火柴斜着放上去,保持与其他两根都呈60°角,然后将三个火柴头点燃并马上吹灭,就会发现,三根火柴连在一起了。这样就可以把它立起来,并在底下再放三根火柴就组成正四面体了。

28. 11 变 6

先把纸倒过来,再加上个"S",就变成 SIX 了。本题设计得很巧妙。

29. 调时钟

不是,钟敲第 12 下的时候,是 12 点 0 分 55 秒。虽然钟敲了 12 下,但时间的间隔只有 11 下,所以敲第 12 下时是 55 秒。

30. 智救画家

拿起画家的画架就跑,他一定会追来的。

31. 盲打扑克

下面以一手 5 张牌为例,说明如何随机、隐蔽、公平地实现"两人各摸 5 张牌"。

不妨用数字 1~54 来表示 54 张牌。发牌前,甲在每个数字前附加一个随机字符串前缀,然后给每个字符串都加上一把锁,把 54 张加密的扑克牌传给乙。乙收到了扑克牌一看,这些牌他一张也不认识,每张牌上面都有甲的锁。乙从里面挑选 5 张牌。他自己不知道这 5 张牌是什么,但是他也不能让甲知道,于是他在这 5 张牌上再各加一把锁,传给甲。甲可以解开自己当初上的那把锁,但牌上还有一把锁,甲拿它没办法,只能原封不动地传回去。乙把剩下的锁解开,得到自己的 5 张牌。这时,乙手上还剩 49 张牌,乙从中随便挑 5 张给甲,由甲解开上面的锁,得到甲的 5 张牌。

听起来很完美,但实现起来并不简单。上锁/开锁和加密/解密并不完全相同:两把锁的地位是相同的,但两次加密则有先后顺序。要想把上述协议转换为密码学协议,需要采用这样一种加密方式:明文首先由甲加密,乙在这个密文的基础上再进行加密,此时甲还能够把里面那一层密码解开,而保持乙的那一层密码不动。

密码学上有一种复杂也安全的加密方法满足这种"交换律":RSA 算法。也可以用如下相对简单的加密方法:甲、乙各想一个非常大的质数,加密过程就是把已有的数乘上这个质数,解密过程就是把得到的数除以这个质数。把两个很大的数相乘或相除是件很简单的事,但要分解一个很大的数则很困难。这样在时间有限的情况下,就能保证对方不能破解出自己的质数来。这样下来,每个人都得到了自己的一手牌,而都不知道对方手里捏的是什么牌。以后如果还需要摸牌,则可以重复刚才的协议。游戏结束后,双方公开自己的质数,你可以验证看对方的质数与游戏中的数据是否吻合,以确定对方在游戏过程中是否作弊。这个协议可以轻易扩展到多个人的情况,也可以适用于更复杂的扑克牌游戏。

32．换牌

换牌方法如图 A-1 所示。
A2 和 34 互换：3 4 A 2 5
4A 和 25 互换：3 2 5 4 A
32 和 54 互换：5 4 3 2 A

33．从长方形到正方形

如图 A-2 那样组合,就会出现 8 个正方形。

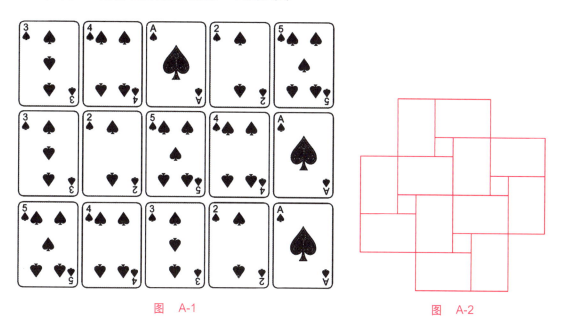

图　A-1　　　　　　　　　图　A-2

34．最省钱的算命方法

不能。无论他有没有想出提问方式,这次都不能问了,因为他的钱只够付三问的问题,而且他已经问过三个问题了。

35．入睡与醒来

很显然现在我们是醒着的,也就是说我们刚刚醒过来。而每次入睡都会有醒来的时候,所以这个问题就要考虑我们出生的时候是睡着的还是醒着的。如果出生时我们是睡着的,那么我们的第一个动作就是醒来,所以醒来的次数比入睡的次数多一次;如果我们出生的时候是醒着的,那么我们的第一个动作就是入睡,所以我们入睡的次数和醒来的次数一样多。

36．雷击事件

这种说法是错误的,雷击到任何地方的概率都是相同的,新的雷击的概率并不受先前雷击的影响。

37. 颠倒是非

镜子。因为"左右"是和人的朝向有关的，而"上下"和人的朝向无关。

38. 如何计算

先把 2 与 15 相乘，3 与 10 相乘，这样原算式就变成了 $30^3=27000$。

39. 奇妙的数列

规律其实很简单，就是将前面两个数字的各位数字拆开并加起来。例如，最左面的两个数字分别是 99 和 72，就把它们都拆开，变成 9、9、7、2，然后相加，等于 9+9+7+2=27，即为下面圆圈中的数字。后面的所有数字都是这个规律。你猜出来了吗？

40. 捉小鸟

往洞里慢慢地灌沙子，等它升到洞口处时抓住它。

41. 画线

爸爸把线画在小明的鞋子底下，当然需要很长时间才能把它磨没了。

42. 摆脱鲨鱼

不会，因为鲨鱼并不睡觉。

43. 小孩过河

因为现在是 6 月，再过几个月就是冬天了，河水结了冰，他就可以从上面走过去了。

44. 邮箱钥匙

因为钥匙还在邮箱里面的信封中。

45. 新建的地铁

因为在铺设铁轨的时候，每两根铁轨之间都要有一些间隙，以免因为热胀冷缩而使轨道挤压变形。在这条地铁线路中，所有的间隙加起来大约有 800 米，所以并没有任何危险。

46. 买镜子

高度至少是小明妈妈身高的一半，这样才能照到全身。

47. 倒水

第四种方法最快。因为旋转摇动的时候，会在中间形成一个螺旋，空气可以从螺旋进入，加快水流出的速度。

48. 平分油

把它们放在水中，然后一点点倒油并调整，直至两个油壶的吃水线相同为止。

49．飞上月球

不可能。因为月球上没有空气，鸟是无法飞的。

50．房间的亮度

一样亮。

第二部分 打 破 常 规

51．住院

因为他是两周前买的，他对比看的报纸却是当天的，不是同一期。

52．乐队

是指挥棒。

53．买东西

是单价3元的东西，付10元的找零。

54．感谢服务员

因为顾客是由于打嗝，才进酒吧要水喝的。而服务生假装劫匪吓了他一下，他就不打嗝了，所以谢了谢他，然后走了。

55．若无其事

因为飞机在海拔1000米的山上，离地面并不高。

56．花纹一样（1）

一张都没有，反面怎么能和正面一样呢？

57．花纹一样（2）

只有方块牌可以。具体的有方块A、2、3、4、5、6、8、10、J、Q、K。

58．奇怪的汤姆

因为他是老师。

59．抓阄洗碗

不公平，最后一个人最有利，因为前两个人都是1/2的抓中概率，如果别人抓中了，自己就不用抓了。

60．休假的女警

因为那是男子的家，他忘记带钥匙了。

61. 奇怪的物种

像骡子一样的杂交动物。

62. 辨别方向

他观察了一下那些被砍伐的树桩。树木的年轮是可以区分出东南西北的。

63. 超级透视

如图 A-3 所示。这张牌并不是黑桃 4，因为普通的扑克左上角和右下角都会有额外的花色标记，因此这是张黑桃 2。

图 A-3

64. 假话

明面上有 3 个"假话"。还有一个假话在哪里呢？原来，有 3 个"假话"却说成 4 个，这就是最后一个假话。你找到了吗？

65. 最轻的体重

完全有可能。最轻的体重出现在她出生的时候。

66. 语速

需要 5 秒，读一个字用 1 秒钟。

67. 有贼闯入

因为他的闹钟是夜光的。也就是说，这个闹钟在吸收到光照后在一段时间内会发光。小五郎进屋后，在没有开灯的情况下发现闹钟发光了，说明屋子里的灯是有人刚关掉的。这就说明有人听到他开门的声音关掉了灯，藏了起来。

68. 兄弟俩

2 个。

因为他们卖牛的单价与牛的数量相同，所以卖牛所得的钱是一个平方数。又因为两人平分绵羊后剩下一只，也就是说绵羊数是奇数。而绵羊的单价是 10，所以，卖牛的钱也就是这个平方数的十位数字，一定是奇数。十几的平方数中，十位是奇数的只有两个 14^2=196 和 16^2=256。不管是哪个，山羊的价格都是 6 个金币，也就是说山羊比绵羊便宜 4 个金币，这样只要哥哥给弟弟 2 个金币就能使两人所得均等了。

69. 猜数字

是 15。你可以测试一下，只有 15 符合要求。

70. 这可能吗

可能。因为昨天是除夕夜，也是他 18 岁的生日。所以他确实能在今年到 19 岁。

71. 至少几个人

最少一个,因为这些人可能是同一个人。

72. 吝啬鬼的遗嘱

法官要求得到这笔钱的人每人按相同的数目给吝啬鬼寄一张汇票,把钱还给他。当然,这张汇票肯定不会有人来兑现,那么得到钱的人就可以随意处置这些钱了。

73. 宋清卖药

宋清说:"我并不觉得自己傻,我卖药挣钱不过是为了供养家人的生活所需,我现在生活得很好就可以了。卖药40多年,我总共烧掉别人的欠据数不清了,这些人并非是为了赖账,有的人后来当了官,发了财,没有欠据,他照样不忘当初,会加倍地送钱来还给我,真正不能还的毕竟是少数。如果像有些商人,对欠账的人不依不饶,怎么会有这么多的买主上门求药?人品是最好的宣传,人们对你信任,才会有事来找你,而不找别人,这是多少钱都买不来的友情。"

宋清的确是以德取信于民,赢得了众人的敬重,他的生意也随之越做越大,成了有名的富商。

74. 什么关系

王局长是女的。

75. 老人与小孩

他把孩子们都叫到一起,告诉他们谁叫的声音越大,谁得到的报酬就越多,他每次都根据孩子们吵闹的情况给予不同的奖励。到孩子们已经习惯于获取奖励的时候,老人开始逐渐减少所给的奖励,最后无论孩子们怎么吵,老人一分钱也不给。

结果,孩子们认为受到的待遇越来越不公正,认为"不给钱了谁还给你叫",于是再也不到老人所住的房子附近大声吵闹了。老人从此过上了安静的生活。

76. 吹牛

因为那条小路在两个悬崖中间的山谷里,没有任何危险,只要一步步走下去就可以了。

77. 聪明的男孩

小男孩回答很妙:"因为我的手比较小呀!而老板的手比较大,所以他拿的一定比我拿的多很多!"

这是一个聪明的孩子,他知道自己的有限,而更重要的,他也知道别人比自己强。凡事不只靠自己的力量,学会适时地依靠他人,是一种谦卑,更是一种聪明。

78. 走私物品

他走私的是宝马车。

79．煎鸡蛋的时间

6分钟。

我们把煎蛋的两个面分别叫作正面和反面，这样，用6分钟煎3个鸡蛋的方法如下：

第一个2分钟，煎第一个蛋和第二个蛋的正面。

第二个2分钟，先取出第二个鸡蛋，放入第三个鸡蛋，然后煎第一个鸡蛋的反面和第三个鸡蛋的正面。这样，第一个鸡蛋煎熟，第二个鸡蛋和第三个鸡蛋都只煎了正面。

第三个2分钟，煎第二个鸡蛋和第三个鸡蛋的反面。这样，3个鸡蛋就都煎好了。

80．打麻将

李主任是女的，两个人分别是她的丈夫和爸爸。

81．趣味组合

排成129，把6号倒过来。

82．吃饭

两姐妹交换了饭碗，都吃对方碗里的饭。

83．双胞胎

本题要求我们一定要突破思维定式。这对双胞胎并不一定是两兄弟，也有可能是姐弟俩，所以前面那个人是后面那个人的姐姐。

84．书虫啃书

4毫米。古书是从后向前翻的，所以只有第一卷书的封皮和第二卷书的封底。

85．长颈鹿吃树叶

第一天白天，长颈鹿吃3厘米，晚上树叶再长2厘米，所以第一天树叶最短为7厘米；第二天再吃3厘米，晚上长2厘米，所以第二天树叶最短为6厘米。以此类推，第八天白天时，长颈鹿会吃光所有的树叶，树叶吃完后就不能再长了，再长就是新的树叶了。

86．冰球比赛

让自己的队员往自己球门里打进一个球，把比分打平，让比赛进入加时赛。在加时赛里，加拿大一鼓作气，最后以领先5分结束了比赛。

87．除几次

你想除几次就除几次，每次的答案都是8。

88．生物课

是一把带有扶手的椅子。

89．爷爷有几个孩子

爷爷一共有7个孩子，即4个儿子，3个女儿。因为每个小孩在说自己的叔叔、姑姑、舅舅、小姨时都没有包括自己的父母。

90．猜数字

这个数字是96。"九十六"去掉"九"为"十六"，去掉"六"为"九十"。

91．赢家

普通人翻东西的时候都是把抽屉从上到下依次拉开的，这样翻完上面的抽屉必须关上，才能去翻下面的抽屉。而小张是从下往上依次拉开所有的抽屉，这样上面拉出的抽屉不会妨碍查看下面的抽屉，他节省了很多时间，就赢得了比赛。

92．刻舟求"尺"

不能。小香忘了水涨船高的道理。因为潮水上涨了，船也随之升起，船上的刻度尺也随船身涨起来了。所以不论涨潮涨多少，水面都在10厘米刻度处。

93．木匠家的婚礼

每个桌子上装3条腿，正好够做成四张桌子。

94．就要让你猜不到

警察苦思冥想，终于想出了一个好办法：掷骰子。他是这么定的，若掷到1～4点就去银行巡逻，若掷到5、6两点则去酒馆。这样一来，他就有2/3的机会去银行巡逻，1/3的机会去酒馆巡逻。

小偷自然也要选出一个策略来，最后居然也是选择了掷骰子的方法，只不过1～4点是去酒馆，5、6两点则是去银行。那么，小偷有1/3的机会去银行，2/3的机会去酒馆。

遇到一些难以决定的事情，不如随缘吧。

第三部分 逆向思考

95．李白喝酒

原来有7/8斗酒，倒着推就可以了。第三次遇到花后喝光了酒，说明第三次遇到店的时候酒壶里有1/2斗的酒。第二次遇到花的时候则有3/2斗酒，遇到店之前是3/4斗。第一次遇到花的时候，有7/4斗，遇到店之前，也就是原来壶中有7/8斗酒。

96．聪明的孩子

因为这个孩子想，别人之所以笑，是因为他们看到了鬼脸，而自己看到另外两个人都有鬼脸。同样地，他们两个也都会看到两个鬼脸。因为如果自己没有鬼脸，另外两个人在看他和看别人的时候会有所区别，这就说明自己也有鬼脸，所以他就去洗脸了。

97．买书

还有 168 页。

因为把第 3～12 页这 10 页撕下来后还剩下 190 页，说明第 3 页与第 4 页在同一张纸上。这样第 88 页前面的 87 页和 107 页后面的 108 页也会被撕下，所以还剩下 168 页，而不是 170 页。

98．聚会的日期

当然可以。不管什么天气，去不出门的那个人的家中聚会就可以了。

99．盲人分衣服

他们把衣服放在太阳底下晒，过段时间去摸一下，黑色的衣服要热一些，而白色的衣服不怎么热，这样就可以分开了。

100．神枪手钓鱼

因为水下的鱼会产生折射现象，站在岸边的人看过去，鱼会与它所在的位置偏离，子弹当然打不到它。

101．抓骨头

前腿够不到就用后腿，这样就可以吃到了。

102．灯的数量

还是 7 盏。

103．吃罐头

因为老大、老二吃的都是果肉，而给老三留的是汤水。

104．卖给谁

卖给买 10 公斤米的客人。这样他只需把 12.5 公斤米舀出 2.5 公斤即可，而如果卖给要买 4 公斤米的客人，则需要舀 4 公斤米。

105．怪盗偷邮票

他把邮票藏在电风扇的扇叶上了，风扇旋转起来，别人是看不出上面有邮票的。

106．愚蠢的国王

因为御医回家所用的时间太长了，用了十年。十年过后，国王又没有见过王子，王子当然长大了。

107．无法入睡

因为他无法入睡的原因是隔壁的人鼾声如雷，他打电话把对方吵醒，对方停止了打呼噜，他就可以睡觉了。

108. 移走巨石
在巨石下边挖一个大坑,让石头落入坑中。这比凿石头要轻松很多。

109. 最安全的名画
因为这是一幅画在美术馆墙壁上的巨大的壁画,没有人能偷得走。

110. 冰封的航行
在冰面上撒些碳粉或者黑土,因为深色可以吸收更多的太阳光,从而让冰加快融化。

111. 站住不动
因为他搭上了电梯。

112. 法官的妙计
一到家,牧场主就按法官说的挑选了5只最可爱的小羊羔,送给猎户的5个儿子。看到洁白温驯的小羊,孩子们如获至宝,每天放学都要在院子里和小羊羔玩耍嬉戏。因为怕猎狗伤害到儿子们的小羊,猎户做了个大铁笼,把猎狗结结实实地锁了起来。从此,牧场主的羊群再也没有受到过骚扰。

为了答谢牧场主的好意,猎户开始送各种野味给他,牧场主也不时用羊肉和奶酪回赠猎户。渐渐地两人成了好朋友。

113. 对画的评价
老人让他重新描了同样的画拿到图书馆门前展出。可是这一次,他要求每位观赏者将其最为欣赏的妙笔都标上记号。当他再取回画时,看画上的记号,一切曾被指责的败笔,如今都换上了赞美的标记。

"哦!"这个学生不无感慨地说道,"我现在发现了一个奥妙,那就是:无论我们干什么,只要使一部分人满意就够了。因为,在有些人看来是丑的东西,在另一些人眼中恰恰是美好的。"

114. 奇怪的评分
因为考试考的都是判断题,正确答案都是"错"。

115. 触礁
船可以救人4次,第一次救5人,因为需要有人划船,所以第二次、第三次和第四次,每次只能救4人,一共为5+4+4+4=17(人)。

116. 漂浮的针
插在稻草上。

117. 聪明的阿凡提
他撅起屁股,退着进的屋子。

优等生必学的发散思维 —— 培养创新意识

118．倒可乐

可乐倒进了小明的嘴巴里，被小明喝了。

119．放方糖

因为咖啡里还没有加水呢。

120．学校的门

因为这是一道玻璃门。

为什么这样脆弱的一扇门，反而会使得学生们小心了？因为这是一扇用信任和爱心制造的，能够使人懂得珍惜和呵护的心灵之门。学生在玻璃门中看到了自己，一个完全不同的自己，玻璃门给学生带来了一份信任。

121．司机的考试

结果这家公司录取了第三位。

面对危险，应离得越远越好。

122．成人之美

在全场有点尴尬的注目下，奥德伦很有风度地回答："各位，千万别忘了，回到地球时，我可是最先出太空舱的。"

他环顾四周然后笑着说："所以我是从另外的星球来到地球的第一个人。"

123．遗嘱

因为"剩下的一半加半头牛宰杀后犒劳帮忙的乡亲"，只有剩下 1 头牛时，一半加半头才能正好一头不剩地分完。所以可以推算出，一共 15 头牛，他们分别分到了 8、4、2、1 头。

124．厕所和厨房哪个更重要

当然，来餐厅的顾客大部分都更希望在厨房更干净而不是洗手间更干净的地方用餐。但是，餐厅的雇主更在意的却是洗手间的清洁，麦当劳公司非常清楚地知道，顾客能看到的就只有厕所和餐厅这些地方，不可能到后厨看看是否干净。麦当劳想通过保持这些地方的干净，传达给你一个信号：既然我们愿意花费这么多的精力和时间来打扫厕所，那我们肯定更愿意保持后厨的卫生，所以来我们这里吃饭是可以放心的。

125．聪明的守门人

学校裁员必然从最不起眼的地方裁起——学校守门人的饭碗岌岌可危。他把各位教职工吸引过来，加强沟通，必然会有人为他说话，把他留下来。

126．巧放棋子

3 个棋子放在等边三角形的三个顶点；四个棋子放到正四面体的四个顶点。

127. 智斗强盗

第一个袋子放 1 块碎银子,第二个袋子放 3 块,第三个袋子放 5 块,然后将这三个袋子一并放入第 4 个袋中就可以了。

128. 猫吃老鼠

如果老鼠算第一个,那么就从老鼠开始顺时针数的第七条鱼开始数起,就能最后一个吃老鼠了。

方法:在纸上画 13 个点并且围成一个圆形。然后从某一点开始顺时针数起,每数到 13 就把那个点划掉,然后继续数,直至只剩下一个点。把剩下这个点的位置确定为老鼠的位置,而第一个点的那个位置就是我们一开始要数的那个位置了。

129. 排队的顺序

如果 F 排在 E 后面,那么顺序就是 CEBFA,这样剩下的条件(4)和条件(5)无法同时满足,所以 F 肯定是在 E 的前面;这样 B、C、E、F 4 个人的顺序是 CF(FC)EB,因为 E 不是第 5 个,所以 A 和 D 不能都在 E 前面,两人也不能都在 B 的后面,所以顺序是 CF(FC)AEBD(DEBA),无论哪种组合,第四位都是 E。

130. 猜国籍

莉莉是法国人,娜娜是日本人,拉拉是美国人。
(1)莉莉不喜欢面条,那么喜欢面条的只有拉拉和娜娜。
(2)喜欢面条的不是法国人,那么拉拉和娜娜就只能从日本人和美国人中选了。
(3)因为娜娜不是美国人,所以娜娜只能是日本人,拉拉就是美国人了。

131. 数字矩阵

每个 2×2 的方格中,右下角的数字都是其他三个数字之和。根据这条规则,未给出的数字是 63。

132. 分配零食

第一个小孩是明明,喜欢吃橘子;第二个小孩是小新,喜欢吃核桃;第三个小孩是小玲,喜欢吃瓜子;第四个小孩是小丽,喜欢吃话梅。

133. 关卡征税

一共有 5 个关卡收过商人的税。最后只剩下 0.5 公斤,则遇到最后一个关卡时还有 (0.5+0.5)×3=3(公斤)苹果,遇到第 4 个关卡时还有 (3+0.5)×3=10.5(公斤)苹果。以此类推可以知道,最开始有 303 公斤苹果。

134. 聪明的匪徒

应该从头目后面第 4 个人开始数起。
思考方法:先从任意一个人开始点名,直到剩下最后一个人,记下这个人的位置。然后数一下最后剩下的人与匪徒头目的距离,把第一个点名的人向相同方向移动这个距离开始数即可。这样最后剩下的就是这名头目了。

135．牧童的计谋

牧童的办法是这样的:用比桥还长的绳索,系在牛和车之间,这样二者的重量就不会同时压在桥上了,牛和车上的石料也就都能顺利通过了。

136．心灵感应

不是的,没有心灵感应。小明每次到家时都会喊:"老婆开门。"如果小红真的在家,她就会听到;如果不在家,她就不知道小明叫她了。

137．装睡

不是的,哥哥没有特异功能。哥哥每次见到弟弟在睡觉的时候都会说:"你在装睡!"如果弟弟装睡,就会听见;而当弟弟真的睡觉的时候,他不会知道哥哥在说话。

138．杀死跳蚤

因为喷剂的味道太臭了,那个人只好打开窗户通风,结果跳蚤都被屋外吹进来的冷风给冻死了。

139．精明的生意人

是这位领导人入住朝阳山庄时,在酒店贵宾签到册上写下了自己的名字,然后在下面写下了"某年某月某日于朝阳山庄"一行小字。结果,这位精明的生意人便把"朝阳山庄"4个小字放大成为题字,把领导的名字缩小作为落款,就这样成了这家酒店的牌匾!

140．如何拍照

这位朋友的思路是:他先请所有拍照的人全部闭上眼睛,听他的口令,同样是喊:"1—2—3!"但是要大家在喊"3"的时候一起睁开眼睛。果然,全都神采奕奕,比本人平时的眼睛更大、更精神。

生活中有很多难题,其实只要换一个思路,都可以迎刃而解。

141．调整水位

把铁球取出来放到水里。因为铁的密度远大于水,当铁球放在小塑料盆里时,所排走的水的重量等于铁球的重量,体积大约为铁球体积的7.8倍。而铁球在水里能排走的水量仅等于铁球的体积,所以水位会下降。木头和水的密度都没有水的密度大,所以把它们放到水缸里水位不会变。

142．盖房子的故事

三家人一共用了8000块砖,其中,老李出5000块,老乔3000块。每人用其中的1/3。按照这种算法,除去两人自己盖房的砖,大周用了老乔1000/3块砖,用了老李7000/3块砖。两人理应按1:7分配大周的钱。

143. 接领导

司机比预计时间提前了20分钟到会场,也就是说他从遇到出租车到火车站这段路程来回需要20分钟,所以从相遇到到达火车站,司机需要10分钟。也就是说,按照预计的时间,再过10分钟火车应该到站,但是此时上一趟火车已经到站30分钟了,也就是出租车走这段路的时间,所以领导坐的车比预计的车早到了40分钟。

144. 不会游泳

要过河的那个人笑着答道:"这位船老大不会游泳,他就会万分小心地划船,所以坐他的船才是最安全的。"

145. 扔扑克

首先看字母,第二次的时候能看见a、i、u,也就是说背面是o的可能是第二次看见的A和3中的一张。但是,第一次时o和A同时出现,所以A的背面不可能是o,因此3的背面是o。

146. 处理国家大事的时间

他选择在周一、周三、周五的午夜处理国家大事,每次3小时,然后周日再处理3个小时。前三次每次处理国家大事都跨过了两天时间,所以满足了国王的要求。他一共花了12个小时处理国家大事。

147. 是否改变选择

开始的时候,你选中的机会始终都是1/3,选错的机会始终都是2/3。这点是确定的。

当打开一个100元的信封之后,假设你坚持选择那个信封:

如果10000元确实是在那个信封里,那么不管主持人是否打开那个100元的信封,你都一定会中奖,所以概率都是1/3×1=1/3。但是如果10000元不在那个信封里,那么在主持人打开100元的信封后,剩下的那个信封100%是那个有10000元钱的。所以如果你还是坚持选择那个信封,中奖的概率是2/3×0=0。那么加在一起,你中奖的概率是1/3。

假如你改变了决定:

如果10000元确实是在你选择的那个信封里,那么改选另一个信封,你中奖的概率是1/3×0=0。但是如果你原先猜错了,那么在主持人打开100元的信封之后,剩下的那个信封100%是那个有10000元的,那样中奖的概率是2/3×1=2/3。那么加在一起,你中奖的概率是2/3。

所以,在这种情况下只要你改变原先的选择,中奖的可能性就会翻一番!

148. 菜市场的商贩

根据他们的对话,卖水产品的人不是来自烟台就是来自海口,而从他刚说完话,海口人就接着说话了来看,可猜出他来自烟台。这样,卖芒果的人就是大连人,海口人在卖鸭梨。

149．假币

因为这张假币与真币很接近,只是颜色和真币有区别。而且这个区别比较明显,连小明都可以轻易认出来,何况是经常接触钱的妈妈。唯一的可能就是那个买水果的人用一张百元钞票,妈妈没有真币和它对照,才误收了假币,所以就是那个只用了一张百元钞票的小伙子给的假币。

150．区分鸡蛋

把鸡蛋放在一块平地上旋转,生鸡蛋因为里面是液体,很难转动;而熟鸡蛋因为凝固了,所以可以轻松旋转。

151．北极的植物

因为北极的温度很低,植物生长需要足够的热量,而由于地面的反射,太阳光的热量越靠近地面越多,所以植物只有在靠近地面的位置才会生长。

152．体重

变小。因为一个物体的重力是由万有引力引起的,与距离有关。离地球越近会越大,越远会越小。

第四部分　突 破 创 新

153．对折纸片

答案如图 A-4 所示。

根据对折的方向不同,还有其他的结果,你也来试试吧。

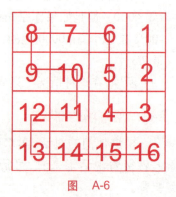

图　A-4

154．移动火柴

答案如图 A-5 所示。

155．爬行的蜗牛

答案如图 A-6 所示。

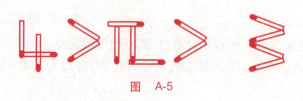

图　A-5

156. 月历的密码

同一列中相邻的 3 个数字是一个相差 7 的等差数列,所以 3 个数字的和正好等于中间数字的 3 倍。

157. 一头猪

答案如图 A-7 所示。

158. 阴影面积

答案如图 A-8 所示。

连接长方形的中心 O 与 E、F,可以很清楚地看出阴影部分的面积是整个长方形面积的 3/8。

图 A-7

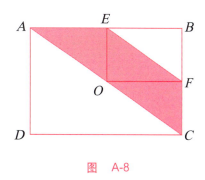

图 A-8

159. 等式成立

答案如图 A-9 所示。把减号移动到最左边去,变成 $1 \times 11 = 11$。

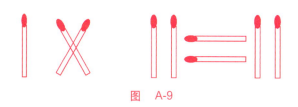

图 A-9

160. 摆正方形

只需要移动一根。答案如图 A-10 所示,把最下面的火柴向下移动一点就可以了。

161. 6 变 9

方法如图 A-11 所示,可以变成 NINE (9)。

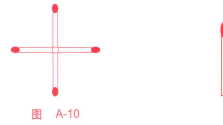

图 A-10

图 A-11

优等生必学的发散思维 —— 培养创新意识

162．3 变 5

答案如图 A-12 所示。

163．砌围墙

只需数一下最上面一层砖的数量，然后乘以层数即可。
14×6=64（块）。

164．消失的三角形

把原图变成如图 A-13 所示形式即可。

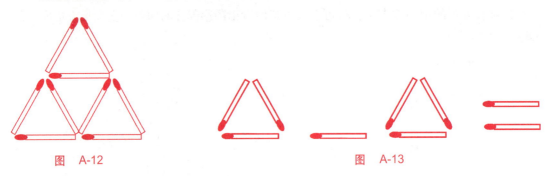

图 A-12　　　　　　　　　图 A-13

165．直角个数

最少需要 3 根。摆成如图 A-14 所示的立体图形即可。

166．颠倒椅子

如图 A-15 所示方法移动即可。

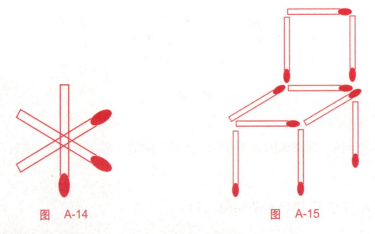

图 A-14　　　　　　　　　图 A-15

167．不可能的三角形

在地球仪上是可以这样的，如图 A-16 所示。

168．图中填字

请注意问题的说法，要你在图中填上一个字母，而不是说在横线处填上一个字母，所以

要填的是 F 而不是 E（如图 A-17 所示）。这样就可以与图中原有的横线构成字母 E 了。

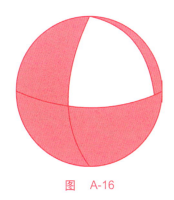

图 A-16

A，B，C，D，E

图 A-17

169．树枝

每个 V 字形处，上面两个数字的每一位加起来，得到的和为下面的数字。例如 8+8+6+3=25。

所以问号处应该是 21。

170．切木块

A：有 5 个面，9 条棱，6 个顶点。

B：有 6 个面，12 条棱，8 个顶点。

C：有 7 个面，13 条棱，8 个顶点。

D：有 7 个面，15 条棱，10 个顶点。

171．方格密码

密码是 3975832058。

规律为：第一个数字为表格中第一列黑色方块上方的空格数量；第二个数字为表格中第二列黑色方块下方的空格数量；第三个数字为表格中第三列黑色方块上方的空格数量；第四个数字为表格中第四列黑色方块下方的空格数量；以此类推。

172．共有元素

把 26 个字母按字母表的顺序分别标出 1～26 的数字，左边框中的数字都可以被 3 整除，右边框中的数字都可以被 4 整除。而中间交叉的框中的数字既可以被 3 整除，又可以被 4 整除。

173．变形（1）

答案如图 A-18 所示。

174．变形（2）

答案如图 A-19 所示。

115

优等生必学的发散思维 —— 培养创新意识

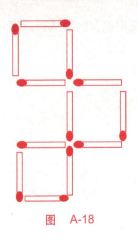

图 A-18

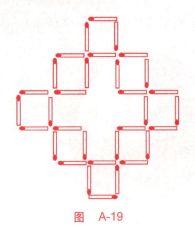

图 A-19

175．变形（3）

答案如图 A-20 所示。

176．梯形

答案如图 A-21 所示。

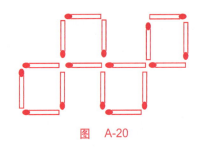

图 A-20

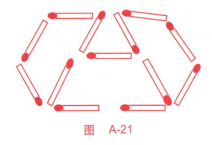

图 A-21

177．三角（1）

答案如图 A-22 所示。

178．三角（2）

答案如图 A-23 所示。

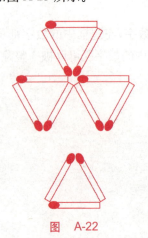

图 A-22

图 A-23

179．最短的距离

你会发现无论建在 AB 间的任何一点，距离都是 200+300=500（米）。有没有更短的距离呢？

有的。只要你在 AB 间建一座 200 米长、300 米宽的桥，就可以斜着直接从 A 走到 B 了，这时候距离最短。

180．变出杯子

答案如图 A-24 所示。在上面画一条直线，这样除了三个立着的杯子外，还有两个倒扣的杯子。

181．增加正方形

答案如图 A-25 所示。

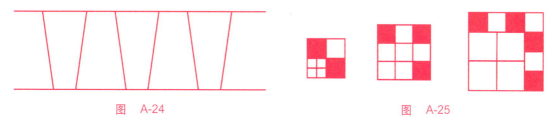

图 A-24　　　　　　　　　　图 A-25

182．堆油桶

最上面一层是 1×1=1（个），第二层是 2×2=4（个），最下面一层是 3×3=9（个）。一共有 14 个油桶。

183．角度大小

它们都一样大，都是 90°。

184．羊圈

如图 A-26 所示即可。

185．六角星（1）

答案如图 A-27 所示。

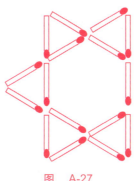

图 A-26　　　　　　　　　图 A-27

186. 六角星（2）

答案如图 A-28 所示。

187. 没有正方形

最少拿走 4 根,如图 A-29 所示。

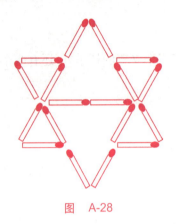

图 A-28

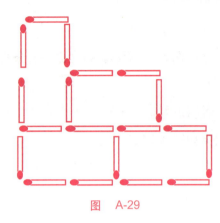

图 A-29

188. 14 根火柴

还有几种方法,下面仅举一例,如图 A-30 所示。

189. 6 变 3

答案如图 A-31 所示。

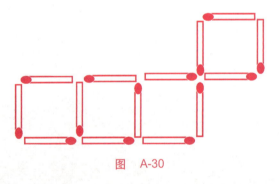

图 A-30

图 A-31

190. 拼桌面

按如图 A-32 所示的方法将纸切成三块,②不动,把①放在②的右侧,③放在②的下面,就可以拼成一个正方形了。

191. 路径

一共有 9 种不同的路径,你可以数一下。

192. 装正方形

换种装法就可以了,如图 A-33 所示。

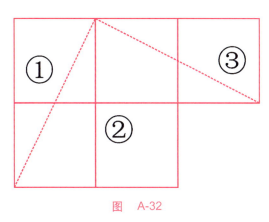

图 A-32

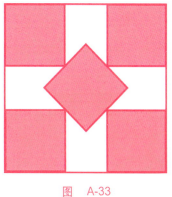

图 A-33

193．平面变立体

答案如图 A-34 所示。

194．箱子大小

第 4 个装得最多。因为表面积相同的各个长方体中，立方体的体积最大。

195．小鸭变小鸡

小鸡的英文是 cock，变成如图 A-35 所示即可。

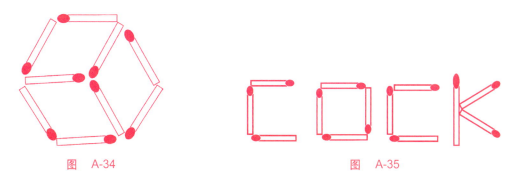

图 A-34　　　　　　　　　　图 A-35

196．3 个正方形

答案如图 A-36 所示。

197．1－3＝2？

答案如图 A-37 所示。

198．罗马等式（1）

答案如图 A-38 所示。

199．罗马等式（2）

答案如图 A-39 所示。

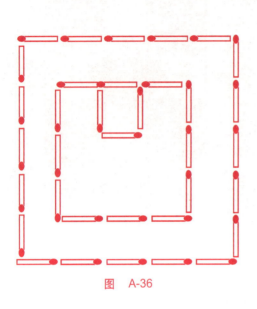

图 A-36

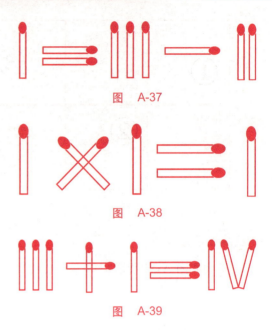

图 A-37

图 A-38

图 A-39

200．罗马等式（3）

答案如图 A-40 所示。

201．数字不等式

答案如图 A-41 所示。

图 A-40　　　　　　　　　图 A-41

202．八边形变八角星

答案如图 A-42 所示。

图 A-42

203．增加菱形

移动方法如图 A-43 所示。

204．平房变楼房

不需要移动火柴，只要换个角度观察即可，如图 A-44 所示。

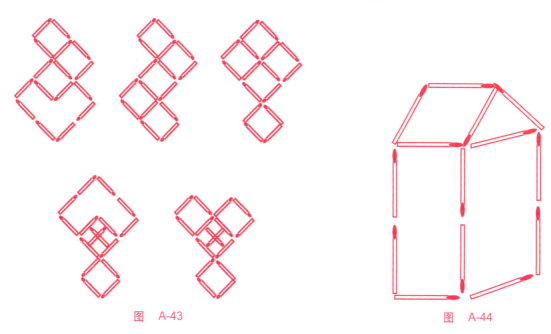

图 A-43　　　　　　　　　图 A-44

205．月份符号

如图 A-45 所示，只要把这个图案从中间横线切开，遮住上半部分，你就会发现它的密码。没错，就是 6 月份的英文（June）。

206．减少一半

答案如图 A-46 所示。

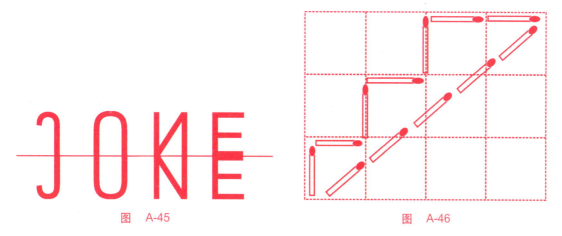

图 A-45　　　　　　　　　图 A-46

207．穿越迷宫

一共有 18 条不同的路线。每个节点处都标出了到达这里不同的路线数，如图 A-47 所示。

208. 三色问题

答案如图 A-48 所示。

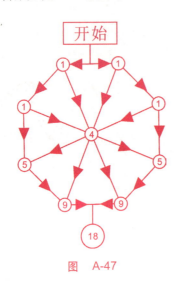

图 A-47

图 A-48

209. 放皇后

答案如图 A-49 所示。

210. 画三角形

其实很简单，答案如图 A-50 所示。首先把 A、B、C 三点连起来，然后过 A 点画一条与 BC 平行的线，过 B 点画一条与 AC 平行的线，过 C 点画一条与 AB 平行的线，三条平行线相交所组成的图形就是所要的三角形。

图 A-49

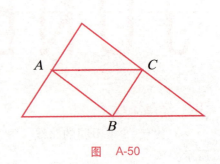

图 A-50

211. 国王

至少需要摆 12 个国王,放在如图 A-51 所示的圆圈所在的位置。

212. 走遍天下

走 15 步,方法如图 A-52 所示。

图 A-51

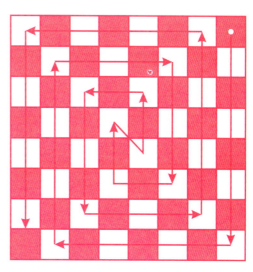

图 A-52

213. 摆象

最多可以摆 14 个,如图 A-53 所示。

214. 走马观花

答案如图 A-54 所示。

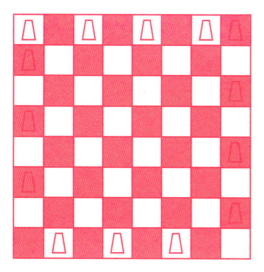

图 A-53

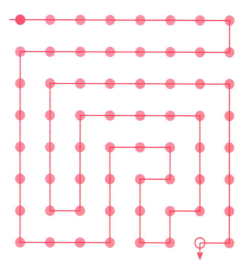

图 A-54

215．巡逻

答案如图 A-55 所示。

216．字母变小

把大写字母变成小写字母。如图 A-56 所示。

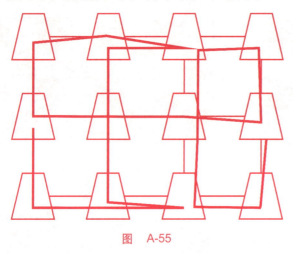
图　A-55

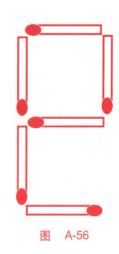
图　A-56

217．比面积

因为木板是同样的，所以只要分别量一下两块木板的重量，就能知道哪块木板的面积大了。

218．找不同

选择 C。

其他的都是由完整的字母组成的，只有 C 不是。A 由 N 和 M 组成；B 由 W、V、X 组成；D 由 E、F、H 组成；E 由 K、L、M 组成。

219．找规律

问号处是 M。

每一行中左右两个数字的乘积，等于中间三个字母序号的和。

220．不同的路径

一共有 252 条不同的路径可走。图 A-57 中已经标出了经过每个路口的路径数。

221．放五角星

答案如图 A-58 所示。

222．火柴悬空

把桌上的火柴点燃，然后用其点燃杯子中间的那个火柴头，等 1～2 秒后吹灭，这时它会凝固并粘在玻璃杯上，这样就可以移走另一个杯子而使火柴悬空了。

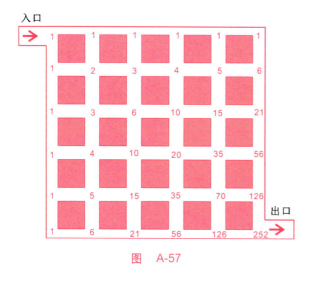

图 A-57

图 A-58

223．倒咖啡

把杯口向下倾斜，直到可以看到杯底的边缘为止，正好剩下的是半杯咖啡，如图 A-59 所示。

224．拼正方形

如果你一心想用这四块纸板拼接成正方形，你是做不到的，唯一的办法就是分别用它们的一条边，如图 A-60 所示。

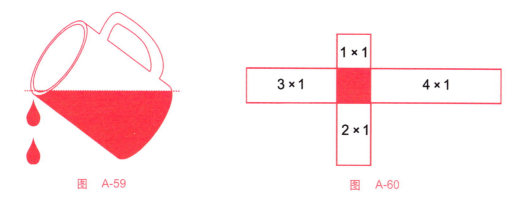

图 A-59　　　　　　　　　　图 A-60

225．小房子

答案如图 A-61 所示。

226．奇怪的样子

这是把 1～9 九个数字放在一个"井"字形的框中，每一个数字的边框形状。所以 6 应该是图 A-62 所示的形状。

227．读出日期

你只要用一支铅笔在硬币上面的纸上涂画，就可以显示出硬币上的日期。

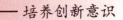

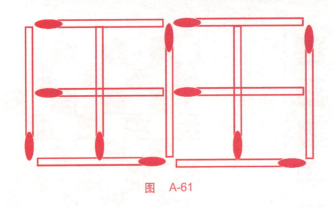

图 A-61

图 A-62

228. 摆棋子

方法不止一种,图 A-63 中只列出了一种可能性,把剩下的 4 枚棋子移到 4 个交叉点即可。

229. 连顶点

共有 12 种连法,如图 A-64 所示。

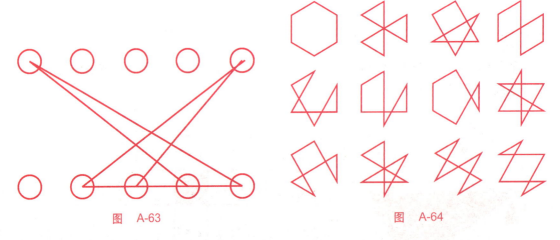

图 A-63　　　　　　　　　图 A-64

230. 切点

6 个切点需要 4 个圆,如图 A-65 所示。

9 个切点则需要 6 个圆,如图 A-66 所示。

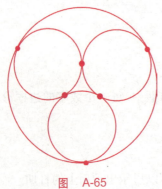

图 A-65

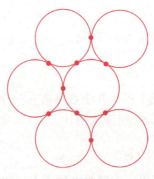

图 A-66

231. 连点画方

可以画出 7 种大小不同的正方形，如图 A-67 所示。

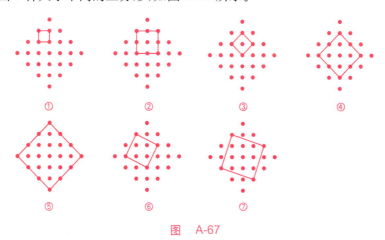

图 A-67

232. 调换位置

调换棋子是无论如何都做不到的，唯一的办法就是把棋盘转 180°。

233. 调等式

答案如图 A-68 所示。

图 A-68

234. 送货员的路线

送货路线如图 A-69 所示。

235. 摆六边形

如图 A-70 所示，有一个大六边形，6 个小六边形。

图 A-69

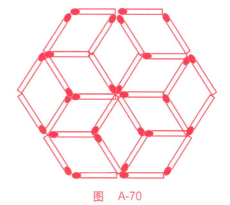

图 A-70

优等生必学的发散思维 ── 培养创新意识

236. 相互接触

答案如图 A-71 所示。

237. 撕邮票

把图 A-72 中黑色的 4 张撕掉。

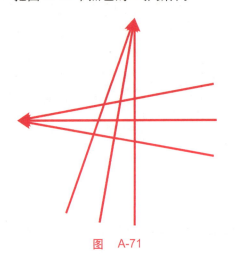

图 A-71

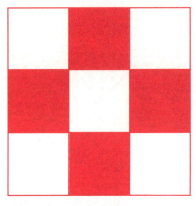

图 A-72

238. 等式成立

答案如图 A-73 所示。

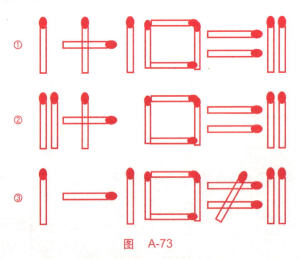

图 A-73

第五部分 化繁为简

239. 什么花色最多

由（3）和（4）可知黑桃比方块多一张。
假设红桃是 2 张，那么黑桃 4 张，方块 3 张，剩下梅花 4 张，不符合条件（2）。
假设方块是 2 张，那么红桃 3 张，黑桃 3 张，已经不符合条件（2）。

假设梅花是 2 张,那么根据其他条件,得红桃 2 张,方块 4 张,黑桃 5 张,共 11 张,但是不符合条件(3)和(4)。

假设黑桃为 2 张,那么红桃 4 张,方块 1 张,剩下梅花 6 张,满足所有条件。

因此梅花最多,为 6 张。

240. 男男女女

挂有"男女"牌号的房间。因为确定每个牌子都是错的,所以挂有"男女"牌子的房间一定是只有男男,或者只有女女,很容易就能判断出来了。确定了这个,其他两个也就判断出来了。

241. 隐含的规律

第一组数字发音都是第一声,第二组数字发音都是第四声,第三组数字发音都是第三声。

242. 最聪明的人

只要说:"我是三兄弟里面最聪明的"就可以。

243. 字母分类

分类的依据是对称关系。

第一组是中心对称;第二组是上下对称;第三组是左右对称;第四组是既有上下对称,又有左右对称,还有中心对称;第五组没有对称关系。

244. 包工队的酬劳

此题中提供的所有数字都是没用的,是用来扰乱人们思路的,因为建筑公司是把 9 栋楼平均分给 3 个包工队的,所以 3 个包工队每队拿 1 亿元就可以了。

245. 唐朝人的计谋

这招果然奏效,没过多久,就有一个盗贼将同伙擒拿住并献于官府。

审理时,被擒的盗贼不服,说:"此人和我一起为盗已经 17 年了,每次所得的赃物都是两人平分,他有什么资格抓捕我获赏?"崔安潜说:"既然你也知道我张贴了告示,为何不先下手将他擒来?这没什么可说的,要怪也只能怪你自己下手太迟,所以他能受赏,而你要受罚。"

崔安潜当即下令兑现诺言,将赏钱发给擒盗者,然后将被擒的盗贼严惩示众。消息传开后,其余的盗贼都开始互相猜忌,彼此提防,整天钩心斗角,不得安宁。于是他们互斗的互斗,逃亡的逃亡,没过多久,西川境内就再也没有盗贼了。

246. 最聪明的小偷

农夫从树林里回来一看,驴子也不见了,就在路上一边走一边哭。走着走着,他看见池塘边坐着一个人,也在哭。农夫问他发生了什么事。

那人说:"人家让我把一口袋金子送到城里去,实在是太累了,我在池塘边坐着休息,睡着了,睡梦中把那个口袋推到水里去了。"农夫问他为什么不下去把口袋捞上来。那人说:"我怕水,因为我不会游泳,谁要把这一口袋金子捞上来。我就送他二十锭金子。"

农夫大喜,心想:"正因为别人偷走了我的山羊和驴子,上帝才赐给我幸福。"于是,他脱下衣服,潜到水里,可是他无论如何也找不到那一口袋金子。当他从水里爬上来时,发现他的衣服不见了。

原来是第三个小偷把他的衣服偷走了。

247. 牙膏

那张纸条上写着:将现在的牙膏开口扩大 1 毫米。消费者每天早晨挤出同样长度的牙膏,开口扩大了 1 毫米,每个消费者就多用 1 毫米宽的牙膏,每天的消费量会多出不少。

公司立即更改包装。第 14 年,公司的营业额增加了 32%。

面对生活中的变化,我们常常习惯过去的思维方式。其实只要你把心径扩大 1 毫米,你就会看到生活中的变化都有它积极的一面,充满了机遇和挑战。

248. 偷换概念

这是个偷换概念的问题,每人每天 9 元,一共 27 元,老板得到 25 元,伙计得到 2 元,27=25+2。不能把客人花的钱和伙计得到的钱加起来。

249. 正面与反面

将这 23 枚硬币分为两堆,一堆 10 个,另一堆 13 个,然后将 10 个的那一堆所有的硬币都翻过来就可以了。其实就是取了个补数。

250. 苹果橘子

切下长盒子的 aa 端,装到另一端,遂成 aaoooaa。

251. 扔石头

同时到达地面。因为到达地面的时间只与垂直方向上的重力有关,与风速或者其他水平速度都无关。

252. 量身高

因为树是从顶端处生长的,所以不影响下面部分,还是会量出 1.6 米。

253. 刁钻的顾客

他先将 9 块蛋糕分装在 3 个盒子里,每盒 3 块,然后把 3 个盒子一起放在一个大盒子里。这样就可以了。

254. 聪明的阿凡提

他把 4 个栅栏围成一个环形,在最里边的栅栏里放了 10 只羊。

255．小狗跑了多远

这个问题其实很简单,关键在于不计狗转弯的时间而且速度恒定。也就是说,只要计算出小狗跑这段路程一共所需要的时间就可以了,这段时间正好是 50 分钟,那么小狗跑了 10 公里。

256．聚餐

需要 16 分钟。把原料一起放进锅里炸,在各人希望的时间里捞出各人要吃的东西即可。

257．公交车相遇

13 辆。

258．需要买多少

答案为 18 瓶。

先买 18 瓶,喝完之后,用 18 个空瓶子可以换 6 瓶饮料,这样就有 18+6=24（人）喝到饮料了。然后再用 6 个空瓶子换 2 瓶饮料,喝到饮料的人有 24+2=26（人）。向小店借 1 个空瓶子,加上剩下的 2 个空瓶子,换 1 瓶饮料给第 27 个人,喝完后,再把最后 1 个瓶子还给小店。

259．铺轮胎

只需一层,只要把轮胎竖起来铺就可以了。

注意：这种问题要学会换一种思维方式。

260．火柴棒问题

也许你会认为是一根,变为 I + IX = X（1 + 9 = 10）。但是还有更少的,就是一根也不用移,可以倒过来看看：XI = X + I（11=10+1）。

261．盲人分袜

因为 8 双袜子的布质、大小完全相同,他们把商标纸撕开,每人取每双中的一只,然后拿回去让其他人帮助重新组合成两双白袜和两双黑袜就可以了。

262．养金鱼

儿子们所送的金鱼中,各色金鱼的数量如表 A-1 所示。

表 A-1

颜色 儿子	黄	粉	白	红
大儿子	5	1	1	1
二儿子	2	1	3	2
三儿子	1	1	3	3
四儿子	1	4	2	1
小儿子	1	3	1	3

263. 谁是预言家

这道逻辑思维题看似复杂，如果能够借鉴数学中解方程的方法，通过假设来解决问题，就会很轻松地得到答案。

因为预言家是4个徒弟中的1个，也就是说这个人或者是A、B、C中的一人，或者是D。

假设B的预言是正确的，那么C将成为预言家，这样，C的预言也是正确的，结果就将有两个预言家，这是不符合题设条件的。因此，B的预言是错的，他没有当上预言家。

因为B的预言是错，所以C后来也没有成为预言家，C的预言也是错的。C曾经预言："D不会成为建筑师。"既然这个预言是错的，那么D日后将成为建筑师，而不是预言家。

排除了B、C、D，就推出预言家一定是A。

这时，只剩下武士和医生两个职业了，因为A的预言是正确的，所以B不能成为武士，只能是医生了。

这样，4个人的职业分别是：A成为预言家；B成为医生；C成为武士；D成为建筑师。

264. 没有坐在一起

由（1）可知：a对面可以是A、C、D，但条件（3）说：D右边的人是一位女士，所以D不可能，因此由条件（1）可知，那个位置是B。

现在就剩下A和C了，已知只有一对被隔开，假如是A（自然地A男女朋友肯定被隔开了），那么B右边就是b，而b和c之间只有一个位置，不论是谁都会产生第二对被隔开的，与只有一对被隔开矛盾，所以就只能是C。

现在知道了3个位置上的人：a对面是C，C右边是B。

下面就用c去坐各个位置，看与提供的条件是否产生矛盾就可以了。

假设C与c不被隔开，则c在C的左边，由条件（2）得知：D坐在a的左边。

由条件（3）可知：a坐在A男生左边第二个位置上的女生的对面，也就是A坐在D的左边。但是A左边第二个位置上坐的是已知的C，不是一位女生，所以与假设矛盾。

所以被隔开的就只有是C和c两位男女朋友了。其他情况也可以用这个方法推出。

265. 大学里的孩子

先针对其中一个孩子，比如牛牛，可以列出如下组合：

（1）牛牛，医生的儿子，山东；
（2）牛牛，教师的儿子，山东；
（3）牛牛，教师的儿子，四川。

同样，也可以根据条件对毛毛和壮壮进行组合。

然后综合一下，就可得出正确结果：

牛牛是医生的儿子，来自山东；毛毛是教师的儿子，来自广州；壮壮是公务员的儿子，来自四川。

266. 再次相遇

1分钟后。

267. 谁是金奖

答案为 C。

其实这道题中只有第一个断定是有用的,另外两个断定都是干扰项,因为 C 的票数多于 D,但是 E 没有得到金奖。

根据第一个条件:如果 A>B,并且 C>D,那么 E 得金奖;现在 C>D 成立,但是 E 没有得到金奖,那么显然 A>B 这个条件不成立。也就是说,A 的票数不比 B 多,所以 C 是正确的。

其他的情况要注意的是,有可能会有票数相同的情况出现,所以不能断定其他 3 个选项是否正确。

268. 哪种方式更快

都一样。不论她怎么走,最终都是按那辆车到达目的地的时间来计算的。

269. 怎么算账

还应该给隔壁老板 50 元——这是两张假币的差额。给完这份钱后,店主与隔壁老板之间就谁也不欠谁了,所以店主相对于隔壁老板并没有赔钱。但是相对于顾客,相当于顾客给了店主一张 100 元的假币,也就是店主赔了 100 元。

270. 收废品

原本窗户不管玻璃、木头都是 1 元 0.5 公斤,分开后都卖得便宜了,当然要吃大亏。

271. 灯泡的容积

他拿着玻璃灯泡并倒满了水,然后交给阿普顿说:"你去把灯泡里的水倒到量筒里量量,这就是我们需要的答案。"

经验有时候确实可以帮助我们进行思维,但是,许多经验却会限制思维的广度和灵活性。当思维受阻时,就需要跳出思维的框框,从结果导向去思考问题。

272. 最简单的方法往往最有效

他抽出了身上的佩剑,一剑将"结"劈成了两半。

这个神秘的结就这样被亚历山大打开了,亚历山大终于明白:"要打开结的方法其实很简单,但人们却容易被思维定式所限制。"

果然,亚历山大最终成为亚细亚的统治者。成为统治者的亚历山大一直以这个结果来警诫自己。在思考问题的时候,千万不要被思维定式所限制。

273. 赚了多少钱

这个问题没有准确的答案,除非知道商人买这辆自行车时用了多少钱。也就是说在不知道自行车的确切价值时是不能确定答案的。这 3 个答案分别是按照自行车的原始价格为 40 元、50 元、45 元来计算的,所以才不一样。

274. 分苹果

四份分别是 6、12、9、27。

设最后都为 x，则第一份为 $x-3$，第二份为 $x+3$，第三份为 $x/3$，第四份为 $3x$，总和为 48，求得 $x=9$。这样就可以知道原来每一份各是多少了。

275. 分羊

从邻居家借一只羊，这样一共有 27 只，把 2/3 也就是 18 只分给儿子；剩下 9 只的 2/3——6 只分给妻子；剩下 3 只的 2/3——2 只给女儿；再把剩下的 1 只还给邻居，这样就分完了。所以大家分别分到 18、6、2 只羊。

276. 巧断讹诈案

那么这十两银子不是你的，等有人拾到送来的时候我再通知你。

277. 酒精和水

一样多。第二次取出的那勺水，因为它和第一勺液体的体积相等，都设为 a。假设这勺混合液中白酒所占体积为 b，那么倒入第一杯白酒的水的体积为 $a-b$。第一次倒入水的白酒为 a，第二次舀出 b 体积的白酒，则水里还剩 $a-b$ 体积的白酒。所以白酒杯里的水和水杯里的白酒一样多。

278. 卢浮宫失火

据说这家报纸收到数以万计的读者答案，人们纷纷论证自己的选择，有的甚至写出几万字的论文，阐明为什么应该选达·芬奇的"蒙娜丽莎"而不是梵·高的"向日葵"，或者为什么应该是"向日葵"而不是"岩间圣母"。众人相持不下，谁也不服谁，直到法国著名作家贝尔纳说："抢救离出口最近的那幅。"

道理很简单，在失火的情况下，到处是浓密的烟雾，你根本无法看清哪幅画挂在哪儿，如果你冒险进去找你心中认定的那幅，很可能的结果是在找到那幅画之前，那幅画甚至你自己已经葬身火海。而抢救离出口最近的那幅，虽然可能并不是最有价值的，但却是最可行的，这个时候可行比价值更重要。另外，卢浮宫内的收藏品每一件都是举世无双的瑰宝，所以与其浪费时间选择，不如抓紧时间抢救一件。

279. 扑克占卜

首先考虑上下方向。如果黑桃、红桃的数目相同，则上升和下降的次数应该是相等的，占卜会在最上面的某张牌终止。但实际上最后是在最下面终止的，向下的次数比向上的次数多 4 次。也就是说黑桃比红桃多 4 张。

左右方向同理，梅花（黑）比方块（红）多 4 张。

因此，黑色牌比红色牌多 8 张。

第六部分 发挥想象

280．难以模仿

是闭上眼睛,然后睁开。

因为大猩猩闭上眼睛之后就不知道人下一个动作是什么了,所以无法模仿。

281．穿反的T恤

首先,他举起连着的双手,把T恤从头顶脱下来,挂在两只手上。这时,衣服里面朝外挂在绳子上。然后,把T恤从一只袖子中穿过,这样就把T恤翻了个面。再套在头上。这样就正过来了。

282．借据回来了

张三接受王五的建议,马上给李四写信。在信中,张三说:"我借给你的20万元马上就到期了,请准备好本金和15%的利息还给我。"李四接到信后,马上回信纠正道:"首先,我向你借的是10万元,不是20万元,而且是前几天才借的,约定借款期限为1年,利息是10%。你肯定是把别人的借据看成我的了,请仔细查清楚!"张三收到了这样一封回信,当然就相当于他的借据了。

283．丢失的钻石

是鸟从窗子飞进了公主的房间,吃掉钻石,然后鸟偶然间被蛇吃掉了,这样钻石就跑到了蛇的肚子里。

284．解绳子

爬绳之前先把两根绳子的末端系在一起。然后顺着其中一根绳子爬上去,解开另一根绳子。然后把解开的绳子从对面的铁环中穿过,自己抓住穿过铁环的两股绳子,反过来解自己爬上来的那根绳子,然后顺着两股绳子落到地面,最后抽出绳子即可。

285．国王的难题

他带了一只白鸽来,见到国王以后,松开双手,白鸽就飞走了。

286．金属棒上的图书馆

地球人为外星科技在数据压缩上的超高效率感到惊讶,就请教怎么用一根短短的金属棒记录所有图书馆里藏书内容的方法。

外星人答道:"我先把你们地球人用的字母、数字、符号等用数字一一编号,数字0用来作分隔符号。比如cat这个单词就编号为301022。我再用快速扫描装置扫描这些书的内容,所有书的内容合并成一串长长的数字。这串数字前面加一个小数点,它就变成了一个小数。最后我在这根1厘米长的金属棒上标记刚才那个小数对应的点,所有书的内容就被我记录下来了。"

优等生必学的发散思维——培养创新意识

287. 谜团

因为这位律师是女的。

288. 空中对战

导弹飞行时的下落距离（其轨迹竖直方向上的分量）与日本飞机的下落距离是完全相同的。所以无论导弹的速度如何，它都将击中日本飞机。

289. 谁更有利

学生甲想："如果我的钱多，我就会输掉这些钱；如果他的钱多，我就会赢到他所有的钱。所以赢的要比输的多，这个游戏对我有利。"同样的道理，学生乙也觉得这个游戏对他有利。

那么，同一个游戏怎么会同时对双方都有利呢？大家仔细想一想吧！

290. 折纸

只需要折 6 次，你可以动手试试。

291. 操纵汇率

不可能制定这样的汇率机制。假设这时候有一个人拿了 1 元 A 国币，在 A 国换 5 元 B 国币，再到 B 国换 25 元 A 国币，再到 A 国换 125 元 B 国币……他只需要这么换来换去，就会把两个国家都换穷了。

292. 三个正方形

如图 A-74 所示即可。

图 A-74

293. 转了多少圈

圆木滚动 8 圈，汽车轮胎滚动 16 圈。圆木向前滚一圈，它们使重物相对它们向前移动了 1 米，而它们相对地面又向前多移动了 1 米，所以重物一共向前移动了 2 米。但是汽车相对于轮胎不会向前移动。

294. 沙漏的悖论

当这个奇怪现象被发现后，人们就开始对沙漏进行复杂的研究。但这个题目的原理还是相当简单的。

当圆柱被颠倒过来后，沙漏会因质心变高而翻倒。而其浮力也会帮它卡在圆柱里。沙漏和圆柱间的摩擦阻碍沙漏上浮，直到大部分沙子漏下，使其质心再次降低，这时沙漏才会摆脱摩擦浮到顶部。

295. 环球旅行

当站在极点上时已经经过所有经线，所以只需要走到南极就能达到要求，因此最少为 2 万公里。

296．移动水杯

把第二个盛满水的杯子拿起来,把水倒入第五个(中间的那个空杯子)杯子,然后再把手里的杯子放回原处。

297．莫比乌斯带

不能。莫比乌斯带只有一个边及一个面。

298．奇妙的莫比乌斯带

将变成两根套在一起的环,一根是和原来那根一样长的莫比乌斯带,另一根是原来两倍长的扭了两次的环。

299．交叉的莫比乌斯带

你将得到一个普通的长方形环——两条横边,两条竖边,且没有扭曲,如图 A-75 所示。

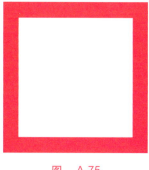

图　A-75

300．切西瓜

假设 4 刀在西瓜内部切出了 1 个四面体。根据这个四面体,西瓜被分成如下区域:顶点有 4 个区域,边有 6 个区域,面有 4 个区域和四面体本身,共 15 块。

301．魔术

是真的。

用洗牌技巧重新洗完牌后,原来每组牌的第一张按顺序成为第一组,原来每组牌的第二张按顺序成为第二组,以此类推。

这样,当观众点头的时候,这位观众刚才抽的第几组,现在这组牌里的第几张就是他刚才记下的牌。

302．双胞胎转圈

两圈;一圈。

大家可以亲身实践一下,再想想原因。

303．转圆环

1 周;3 周。

小圆的自转周数只和它的圆心的运动轨迹与半径有关。也就是说在大圆内部时,它的圆心的运动轨迹为半径为 1 的圆,所以为 1 圈;而当在大圆外部时,它的圆心的运动轨迹为半径为 3 的圆,所以为 3 圈。

304．各转了几圈

小圆走过的路径是其周长的 5 倍。如果是条直线,它将滚 5 圈。但因为它在圆周上滚动,小圆还会转更多的圈。可以发现,就算小圆自己不转,与大圆的接触点始终不变,绕大圆一圈后它也将转上一圈,所以小圆一共转了6圈。

但是齿轮不一样,小齿轮转了5圈。

305．绝望的救助

不管小明爬得快还是慢,甚至是跳跃,小明和小红都会相距1米。甚至他放手往下掉,再抓住绳子时也是如此。

306．分析罪犯

他做了如下的分析推理:

(1) 制造和放置炸弹的大都是男人。

(2) 他怀疑爱迪生公司害他生病,属于偏执狂病人。这种病人一过35岁后病情就加速加重。所以1940年时他刚过35岁,到1956年他应是50岁出头。

(3) 偏执狂总是归罪他人,因此,爱迪生公司可能曾对他处理不当,使他难以接受。

(4) 字迹清秀表明他受过中等教育。

(5) 约85%的偏执狂有运动员体型,所以F.P可能胖瘦适度,体格匀称。

(6) 字迹清秀、纸条干净表明他工作认真,是一个兢兢业业的模范职工。

(7) 他用"卑鄙罪行"一词过于认真,爱迪生也用全称,不像美国人所为,故他可能在外国人居住区。

(8) 他在爱迪生公司之外也乱放炸弹,显然有F.P自己也不知道的理由存在,这表明他有心理创伤,形成了反权威情绪,乱放炸弹就是在反抗社会权威。

(9) 他常年持续不断乱放炸弹,证明他一直独身,没有人用友谊或爱情来愈合其心理创伤。

(10) 他虽无友谊,却重体面,一定是一个衣冠楚楚的人。

(11) 为了制造炸弹,他宁愿独居而不住公寓,以便隐藏和不妨碍邻居。

(12) 地中海各国爱用绳索勒杀别人,北欧诸国爱用匕首,斯拉夫国家的恐怖分子爱用炸弹,所以,他可能是斯拉夫后裔。

(13) 南斯拉夫人大多信仰天主教,他必然定时上教堂。

(14) 他的恐吓信多发自纽约和韦斯特切斯特。在这两个地区中,南斯拉夫人最集中的居住区是布里奇波特,他很可能住在那里。

(15) 持续多年强调自己有病,必是慢性病。但癌症一般不能活过16年,恐怕是肺病或心脏病,肺病目前容易治愈,所以他可能是心脏病患者。

根据这种层层剥笋式的方式,博士最后得出结论:警方抓他时,他一定会穿着当时正流行的双排扣上衣,并将纽扣扣得整整齐齐,另外,建议警方将上述15种可能性公诸报端。F.P重视读报,又不肯承认自己的弱点,他一定会做出反应以表现他的高明,从而自己提供线索。

果不其然,1956年圣诞节前夕,各报刊载这15种可能性后,F.P从韦斯特切斯特又寄信给警方:"报纸拜读,我非笨蛋,决不会上当自首,你们不如将爱迪生公司送上法庭为好。"

依循有关线索，警方立即查询了爱迪生公司人事档案，发现在20世纪30年代的档案中，有一个电机保养工乔治梅特斯基因公烧伤，曾上书公司诉说染上肺结核，要求领取终身残疾津贴，但被公司拒绝，他数月后离职。此人为波兰裔，当时（1956年）为56岁，家住布里奇波特，父母早亡，与其姐同住一个独院。他身高1.75米，体重74公斤，平时对人彬彬有礼。1957年1月22日，警方去他家调查，发现了制造炸弹的工作间，于是逮捕了他，当时他果然身着双排扣西服，而且整整齐齐地扣着扣子。

307．一只猫毁了一个指挥部

德军依此判断：

（1）这只猫不是野猫，野猫白天不出来，更不会在炮火隆隆的阵地上出没。

（2）猫的栖身处就在土包附近，很可能是一个地下指挥部，因为周围没有人家。

（3）根据仔细观察，这只猫是相当名贵的波斯品种，在打仗时还有兴趣玩这种猫的绝不会是普通的下级军官。

据此他们判定那个掩蔽点一定是法军的高级指挥所。

308．日本人巧探大庆油田

日本人首先从中国画报刊登的铁人王进喜的大幅相片上推断出大庆油田在东北三省偏北处，因为相片上的王进喜身穿大棉袄，背景是遍地积雪。接着，他们又从另一幅肩扛人推的照片推断出油田离铁路沿线不远。他们从《人民日报》的一篇报道中看到一段话，王进喜到了马家窑，说了一声："好大的油海啊，我们要把中国石油落后的帽子扔到太平洋里去！"据此，日本人判断，大庆油田的中心就在马家窑。

大庆油田什么时候产油了呢？日本人判断：1964年。因为王进喜在这一年参加了第三届全国人民代表大会，如果不出油，王进喜是不会当选为人大代表的。

日本人还准确地推算出大庆油田油井的直径和油田的产量，依据是《人民日报》一幅钻塔的照片和《人民日报》刊登的国务院政府工作报告：把当时公布的全国石油产量减去原来的石油产量，极其简单，连小学生都能算出来——日本人推算出大庆的石油年产量为3000万吨，与大庆油田的实际年产量几乎完全一致。

有了如此多的准确情报，日本人迅速设计出适合大庆油田使用的石油开采设备。当我国政府向世界各国征求开采大庆油田的设计方案时，日本人一举中标。

309．寻求真相

为了找出真相，我们可以提出以下四个问题来了解更多的信息：

（1）最后一次看见这些人的是谁？什么时间？什么地点？

（2）直升机是否收到了这些人的求救信号？

（3）这个事件是否仅仅是救护计划的失策，还是其他方面的失策？有没有一些小的过失？

（4）这次救护计划的失策和过去的情况有没有类似的地方？

接着你得到了如下的回答：

（1）最后一次人们看见他们的时候，他们正徒步翻越一座小山头，朝着后来发现他们尸体的那个山谷走去。

(2) 直升机的通话记录显示并没有收到这个小组的呼救信号,后来在离这些人尸体不远的地方发现了步话机的残骸。

(3) 另一个小组被困在一个小土丘上,他们用步话机向直升机呼救,结果他们得救了。

(4) 在一场森林火灾中,有一队消防员被大火烧死。当时的直升机驾驶员报告说没有收到他们的呼救信号,他们的尸体是在两座山丘之间的一条干涸的小溪中发现的。

通过掌握的这些材料,这些人遇难的原因就呼之欲出了。可能性最大的是"步话机的信号被山体隔断了",因而直升机没能接收到。这与从各方面掌握到的资料都相符。

310. 奇怪的大钟

因为我的闹钟是电子钟,那个分时数字右上角的那一竖坏了,可以正确显示 5,也可以正确显示 6,却不能正确显示 8,到了 59 分时,也只能显示 55。

311. 填空题目

(1) 144

(2) 2

(3) 是

(4) 2

(5) 非

(6) 24

(7) 非

(8) −12

(9) 是

(10) −16

312. 第 9 张牌

先数出 30 张牌后还剩 24 张,假设接下来数出的三列牌第一张分别是 a、b、c,则三列分别有 $(11-a)$、$(11-b)$、$(11-c)$ 张牌,三列一共有 $33-(a+b+c)$ 张牌,剩下 $24-[33-(a+b+c)]=(a+b+c)-9$ 张牌。因此数"$a+b+c$"张牌后必然是开始记住的第 9 张牌。

313. 盒子与锁

A 把扑克放进盒子,用自己的锁把盒子锁上。B 拿到盒子后,把盒子加一把自己的锁,并递给 A。A 拿到后,取下自己的锁,再递给 B。B 取下自己的锁,获得扑克。

314. 扑克牌数字游戏

由 6 个人说的话可以首先推出如下结论。

李:4、8、8、8、8

王:有 7 (1、2、4 张),另外的只可能是 3、9

刘:有 3、4、5、6,另外 1 张是 2 或 7

方：有9（1～3张），有2
邓：可能是5、4、4、3、2，或5、5、4、3、2，或5、5、4、4、4
周：有9
由此继续推理可得6人的牌分别如下。
李：4、8、8、8、8
王：3、7、7、7、7
刘：2、3、4、5、6
方：9、9、6、2、2
邓：5、5、5、4、4
周：2、3、3、9、9
因此剩下的两张牌是两张6。

315．猜扑克牌

所有扑克牌的情况如图 A-76 所示。

316．菱形扑克阵

黑桃 5。每一竖排的牌加起来都等于 9，而花色的变化顺序是 DBACEGIHF 的蛇形顺序。

图　A-76

317．放错的扑克牌

是黑桃 7，这张牌上下颠倒了，因为每一行三张牌的朝上黑桃数目减去朝下黑桃数目都是 3。

318．扑克牌的分类

小陈的分类标准是：表面符号中心对称的放上边，不对称的放下边。梅花 5 是不对称的，所以放下边。

图　A-77

319．猜牌游戏

方块 8，如图 A-77 所示。

320．判断开关

设四个开关分别是 A、B、C、D，先开 AB。过一段时间后，关掉 B 打开 C，然后走进屋，此时四个灯泡中又热又亮的对应 A，只热不亮的对应 B，只亮不热的对应 C，不亮也不热的对应 D。

321．戴眼镜

因为英国人比爱尔兰人多。

322．只需回答

爸爸问："你在里面吗？"类似的其他问题也可以。

323．挑战

爸爸把手绢放在房门的下面，自己站在门外的一个角上，让儿子站在屋内手绢的一个角上，然后关上门，儿子在屋子里无论如何也就够不到自己了。

324．通货膨胀

因为带有单位的数字不能简单地进行乘法运算。

325．10 个太阳

答案如图 A-78 所示。

326．太阳变风车

答案如图 A-79 所示。

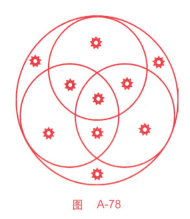

图 A-78

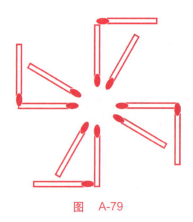

图 A-79

327．没有重力

有。在地心处。

328．谁做得对

都不对。

全是氢气没有氧气打火机是打不着的，更不会发生爆炸。

329．画中的人

小明把画框装在了自家的窗户上，景物就是外面的风景，人就是外面的人，当然会变了。

330．奇怪的举动

因为小明是去图书馆交延迟还书的罚款。

331．钟摆问题

钟摆摆到最高点的时候处于静止状态，如果这个时候断了，就会垂直下落。

332．过河

小孩把木板放在河边,伸出很小的一部分,自己站在木板的另一边,大人把木板搭在小孩的木板上,就可以安全过河了。然后大人踩在木板上,让小孩过河即可。

333．何时成立

这是在表示钟表的时间。也就是说6点钟过了7个小时,再过2个小时就是3点。

334．奇怪的时间

在南极点或者北极点。任何一条子午线都经过这里,而每一条子午线都有它特定的时间。所以在这里,无论是几点几分都有一条子午线与它对应,可以说都是正确的。

335．影子大小

一样大。因为太阳光是几乎平行的,所以不管高度是1米还是200米,影子都一样大。

336．电梯

法国青年亲了自己手掌一下,然后狠狠地打了纳粹军官一耳光。因为他是爱国青年,这种行为也算是对入侵者的报复吧。

第七部分　学　会　变　通

337．旅行家的见闻

可能。孕妇都是这样的。

338．亲兄弟

因为要结婚的是弟弟的儿子,也就是哥哥的侄子。

339．牙医

找那个牙齿不好的牙医为自己看病。
因为镇上只有这两名牙医。对方的牙齿好,说明是牙齿不好的牙医的功劳。而他自己的牙齿不好,却没有找另外的牙医去看,或者看过依然牙齿不好,说明对方的技术不怎么样。

340．同一速度

把自行车放在汽车的后备厢里。

341．挑选建筑师

他让大家分别推荐一个人作为自己的助手来完成这个项目,这样被推荐最多的人就是能力最好的。

342．超车

因为爸爸开车的路线是绕湖而行,他们已经绕了一圈,又一次追上这辆小货车了。

343. 怎样把水烧开

智者说："如果那样，就把壶里的水倒掉一些！"

青年若有所思地点了点头。智者接着说："你一开始踌躇满志，树立了太多的目标，就像这个大壶装的水太多一样，而你又没有足够多的柴火，所以不能把水烧开。要想把水烧开，你或者倒出一些水，或者先去准备足够的柴火！"

青年顿时大悟。回去后，他把计划中所列的目标划掉了许多，只留下最近的几个，同时利用业余时间学习各种专业知识，几年后，他的目标基本上都实现了。

344. 什么关系

他们是四胞胎中的三个。

345. 买不起

小刘是小赵的妈妈，小刘把自己妈妈给的3000元中的1500元给了小赵，所以总数还是3000元。

346. 不可思议的答案

在时间上，8点再加上10个小时就是6点。

347. 解救女儿

在用水桶舀水之前，先把水桶倒扣着按到左边水缸底部，由于水缸是满的，所以水会溢出来。水桶本身是有一定厚度的，所以水桶可以挤出超过1水桶的水，再舀出一水桶的水，倒入右面的水缸里，就达到目的了。

348. 钻石窃贼

他拿走了两边的两颗，然后把最下面那颗重新镶到最上面，如图A-80所示。

神父数的时候仍然是13颗。

349. 有意思的钟

这道题如果换一种问的方式，就很好回答了。如果一只钟是停止的，而另一只钟每天慢一分钟，你会选择哪个呢？当然你会选择每天只慢一分钟的钟。

本题就是这样的，两年只准一次，也就是一天慢一分钟，需要走慢720分钟，也就是24小时才能再准一次，即需要两年；而每天准两次的钟是停止的。

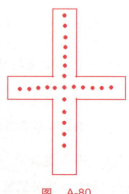

图 A-80

350. 念课文

28秒。本题要注意的是从1数到2，他中间要停顿一次。也就是从1数到4，中间停顿3次，每次停顿4秒；而从2数到9，停顿7次，所以需要：4×7=28（秒）。

351．摆放镜子
根本不需要镜子,三个人面对面,离开一定距离,互相都能看到。

352．填空题
400（克）+600（克）=1（千克）
360（小时）-36（小时）=13.5（天）

353．不准的天平
先把两个砝码都放在左边,在右边放上实验物品,等两边平衡时,取下砝码换成实验物品;再平衡时,左边的物品就是600克。

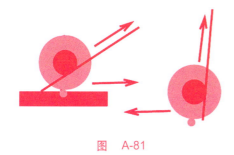

图 A-81

354．拉绳子
答案如图 A-81 所示。
如果你用一个很陡的角度拉线圈,会产生一个朝远离你的方向旋转的转矩;如果你用一个比较小的角度拉,会产生一个反方向的转矩使其向你运动。

355．确定开关
先打开一个开关,经过比较长的时间后关掉。再打开另一个开关,马上去隔壁可以看到一个灯亮着,它对应的就是第二个开关。再摸一下其余的两个灯泡,一个热,一个凉,热的灯对应第一个开关。
灯泡亮一段时间后会发热,这也是一个判断依据,并不是只有亮与不亮才能判断。
一个条件只可以区分两个物体。要想区分三个,就必须至少有两个条件。

356．长工的佣金
留6块银子,分别为1、2、4、8、16、32两,不管长工哪天走,儿子都能付钱。

357．赊玉米
你需要计算每个人实际需要动用的玉米数量即可。所以A拿出80斤玉米,分给B、C、D、E每家20斤。

358．巧分大米和小麦
先把张奶奶的布袋翻过来,把王阿姨的大米倒入张奶奶的布袋里,扎上绳子,然后把张奶奶的布袋的上半截翻过来,倒入小麦;再解开张奶奶布袋的绳子,把下面装的大米倒入王阿姨的布袋里,就可以了。

359．哪天请假
星期五。用排除法把不满足条件的时间排除,就可以很容易地判断出来。

优等生必学的发散思维 —— 培养创新意识

360．放大镜的局限

角度。不论用多大倍数的放大镜，角度都不会被放大。

361．饲养员的计谋

不可靠。母鹿第一胎中，雌雄比例各占一半。生小母鹿的母鹿还能再生，生公鹿的母鹿被禁止生育。在第二胎中，公母比例还是1∶1。同理，在第三胎中，公母比例还是1∶1。因此，将各轮生育的结果相加，公母比例始终相同。

362．没有工作

老板把时间进行了重复计算。比如在放假的时间里的睡觉时间多，被重复计算了。

363．是天堂还是地狱？

他在看守刚看完通道时，开始自己的旅行，大约8分钟的时候，他大概走到了通道中心，然后他转过身，往地狱方向走。1分钟后，看守看到他，以为他是不小心从天堂落下去的，就把他招了回来。

364．谁在前面

圆形的操场。当小明落后运动员半圈之后，就变成在运动员前面了。

365．商品中的发散思维

那位主妇的建议是：在味精瓶的内盖上多钻一个孔。由于一般顾客放味精时只是大致甩两下，4个孔时是这样甩，5个孔时也是这样甩，结果在不知不觉中多用了近25%。

366．伏特加

把酒和药水混合起来，然后一起喝。

367．设计错误

不是。火车的长度要远长于2米，不会完全轧到机桥上，这样的设计承重足够了。

368．小房间

最开始有3个人，每次变动之后，房间里的人数都不变。

369．机智的老板

老板说："盒子还在我这里，要三个人同时在场，我才可以交回盒子。你们去把那个人找回来吧。"

370．换不开

一枚50美分的、一枚25美分的和四枚10美分的。

371．买到假货

这个问题只需要想办法证明假酒是从那个商场买的就可以了。在他把假酒拿到商场的时候，不要让商场里的人直接碰这两瓶酒。只要让有关部门在酒瓶上提取商场里售货员的指纹，然后鉴定这确实是假酒，商场就无法推脱自己的责任了。可见要让真相大白并不是什么难事，只需要懂逻辑就可以了。

372．换牌逻辑

没有人。拿到最大的牌的人肯定不会愿意和别人换牌。拿到次大牌的人，只能换最大牌才会比自己手中的牌大，但是他知道拿到最大牌的人不会和别人换牌，所以他也不会和其他人换牌以避免换到小牌。以此类推，以后的每个人都可以通过推理知道前面的人不会换牌，所以自己也不会换牌。即使拿到最小牌的人想换牌也没人肯换。因此，没有人能够换到比自己大的牌。

373．兄弟俩

如果哥哥赢了，游客可以从弟弟那里得到 200 元，给哥哥 100 元，最终获得 100 元。

如果弟弟赢了，游客只需要给弟弟 100 元，却可以从哥哥那里获得 200 元，还能得到 100 元。

所以总是能得到 100 元的报酬，何乐而不为呢。

374．遗产

是那两枚陈旧的邮票，它们非常稀有，价值连城。

375．三枚硬币

永远也做不到。

376．数数比赛

100。因为他已经数完了。

377．牛吃草

吃不光，每年草都会长的。

378．发牌

把剩下的牌从下往上反着发。

379．喝果汁

一杯，剩下的都是白开水。

380．喝茶

两杯，茶加入白开水还是茶。

优等生必学的发散思维——培养创新意识

381．训练牧羊犬

因为她的牧羊犬是用德语训练的,她说中文,狗听不懂。

382．水杯的大小

把一个杯子装满水,然后倒入另外一个杯子,就能轻松地比较出来哪个杯子的容积大了。

383．过河

两个人分别在河的两岸。一个人划船过去,把船交给另外一个人,他划船过来,这样就可以了。

384．跳远

因为他长大了,就可以跳过去了。

385．找宝箱

因为小明长大了,步子也变大了,所以走10步的位置不再是原来的位置了。

386．不消失的字

小明用家里的投影仪将这几个字投影到邻居的建筑上。

387．拼车

有人说,因为甲走的路程是4公里,乙走的路程是8公里,那么甲付8元,乙付16元。其实这种方法并不公平。最公平的做法是,将全程分成两部分,第一部分的价格是12元,第二部分价格也是12元,而第一部分有两个人乘坐,所以费用平分,每人6元;第二部分乙一个人乘坐,单独承担费用,这样甲需要付6元,乙要付18元,这样才最公平。

388．平行线

答案如图 A-82 所示。做成立体图形,它们就不平行了。

389．调钟

因为热胀冷缩,钟摆在冬天的时候会变短。而当钟摆变短的时候,钟走的就会比正常的时候快。

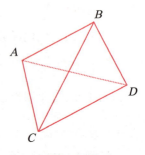

图 A-82

390．移动线段

一根都不用移动,只要你把书倒过来,就会发现它是正确的,如图 A-83 所示。

图 A-83

第八部分 策略思维

391. 抢报35游戏

晶晶的策略其实很简单:他总是报到5的倍数为止。如果春春先报,根据游戏规则,她或报1,或报1、2,或报1、2、3,或报1、2、3、4;晶晶就报到5。接下来,春春从6开始报,而晶晶就报到10。以此类推,由于35是5的倍数,所以晶晶总能报到35。

392. 赌命游戏

他先拿1个,以后根据恶魔的三种情况采取以下策略:

恶魔拿1个,他拿2个;

恶魔拿2个,他拿1个;

恶魔拿4个,他拿2个。

也就是说每次保持和恶魔拿的总数一定是3或6,由于10003=3334×3+1,每轮他与恶魔拿的总数一定是3的倍数,所以最后一定会给对方留下1个或4个,恶魔就输了。

393. 海盗分金

分析所有这类策略游戏的奥妙就在于应当从结尾出发倒推回去。游戏结束时,你就能知道何种决策有利而何种决策不利。确定了这一点后,你就可以把它用到倒数第2种决策上,以此类推。如果从游戏的开头出发进行分析,是走不了多远的。原因在于,所有的战略决策都是要确定:"如果我这样做,那么下一个人会怎样做?"

因此,在你后面的海盗所做的决定对你来说十分重要,而在你之前的海盗所做的决定并不重要,因为你已对这些决定无能为力了。

记住了这一点,就可以知道我们的出发点应当是游戏进行到只剩两名海盗,即4号和5号的时候,这时4号的最佳分配方案是一目了然的:100颗宝石全归他一人所有,5号海盗什么也得不到。由于4号肯定为这个方案投赞成票,这样就占了总数的50%,因此方案获得通过。

现在加上3号海盗。5号海盗知道,如果3号的方案被否决,那么最后将只剩2个海盗,自己肯定一无所获。此外,3号也明白5号了解这一形势,因此,只要3号的分配方案中给5号一点宝石,使他不至于空手而归,那么不论3号提出什么样的分配方案,5号都将投赞成票。因此3号需要分出尽可能少的一点宝石来收买5号海盗,这样就有了下面的分配方案:3号海盗分得99颗宝石,4号海盗一无所获,5号海盗得1颗宝石。

2号海盗的策略也差不多。他需要有50%的支持票,因此同3号一样,他也需再找一人做同伙。他给同伙的最低报酬是1颗宝石,他可以用这颗宝石来收买4号海盗。因为如果自己被否决,而3号得以通过,则4号将一文不名。因此,2号的分配方案应是:99颗宝石归自己,3号1颗宝石也得不到,4号得1颗宝石,5号也是1颗宝石也得不到。

1号海盗的策略稍有不同,他需要收买另两名海盗,因此至少得送给海盗2颗宝石,才能使自己的方案得到采纳。他的分配方案应该是:98颗宝石归自己,1颗宝石给3号,1颗宝石给5号。

优等生必学的发散思维——培养创新意识

394. 骰子赌局

3 个骰子可以掷出来的结果有 $6×6×6 = 216$ (种),它们的可能性均等。任取一个数字,例如,出现一个 1 的可能性为 $3×1/6×5/6×5/6=75/216$,出现两个 1 的可能性为 $3×1/6×1/6×5/6=15/216$,出现三个 1 的可能性为 $1/6×1/6×1/6=1/216$,所以在 216 次中赢的概率为 91/216,输的概率是 125/216。因为每次得到的钱不一样,也就是说有 75 次赢 1 元,15 次赢 2 元,1 次赢 3 元,一共可以赢 $75 + 30 + 3 = 108$ (元),而将要输掉 125 元。所以赌局是对庄家有利的,庄家的收益率是 $(125 - 108)/216 ≈ 7.9\%$。

395. 报数游戏

后报数的乙会获胜。

因为 3000 不是 2 的 K 次方,所以甲不能一次报完。而 1 或者 2 的 K 次方都不是 3 的倍数,所以第一次甲报完数后,剩下的数必然不是 3 的倍数。乙报数的策略就是,每次甲报完数后,乙多报 1 或 2,使得剩下的数是 3 的倍数。这样,最后剩下 3 个数时,无论甲报 1 还是 2,乙都能报到最后一个数,从而取得胜利。

396. 小魔术

首先,可以肯定,5 张牌里至少有 2 张是相同的花色,而 3 张牌用不同的大小顺序能表示的有 6 个信息。比如,3 张牌可以用"大""中""小"表示,如果顺序是"小中大"表示 1,"小大中"表示 2,"中小大"表示 3……"大中小"表示 6。可以根据以上情况制订如下方案。

(1) 助手选择 2 张相同花色的牌。

(2) 这两张牌点数之差如果小于等于 6,则把较大的那张扣下;如果大于 6,则扣下较小的那张。余下的这张牌用来表示花色。

(3) 剩余的 3 张牌因为点数和花色大小不同,可以用"大""中""小"的不同顺序表示点数差 (1~6)。如果扣下的那张是较小的牌,则将较小的牌点数加上 13,然后计算点数差。

(4) 将表示花色的牌放在事先商定好的位置 (可以不是第一位或者最后一位,以增加魔术的神秘度)。

(5) 至此,魔术师可以根据 4 张牌的顺序和点数大小,判断出扣下的那张牌的点数和花色。

397. 怎样取胜

他先是撒腿就跑,这样敌方的三人马上开始追赶。但是每个人跑的速度都不同,一定时间之后,三人就拉开了一段距离,这样将军就有机会各个击破,战胜他们。

398. 聪明程度

这个游戏的独特之处在于你必须考虑其他参与者是怎么想的。

首先,你可能假定人们都是随机地选择一个数字寄回,这样平均值应该是 50,那么最佳

答案应该是 50 的 2/3,约为 33。

但你应该想到,别人也会像你一样,想到 33 这个答案。如果每个人都选择了 33,那么实际的平均值应该是 33 而不是 50,这样最佳答案应该修改成 33 的 2/3,也就是 22。

那么别人会不会也想到这一层?如果大家都写 22 呢?那么最佳答案就应该是 15。

可是如果大家都想到了 15 这一层呢?

……

这样一步步地分析下去,如果所有人都是绝对地聪明而理性,那么所有人都会做类似的分析,最后最佳答案必然越来越小,以至变成 0。鉴于 0 的 2/3 还是 0,所以 0 必然是最终的正确答案。

但问题是,如果有些人没有这么聪明呢?如果有些人就是随便写了个数呢?

刊登广告的其实是芝加哥大学的理查德·泰勒。他收到的答案中的确有些人选择了 0,但平均值是 18.9,获胜者选择的数字是 13。这个实验就是要说明,很多人并不是那么聪明,也不是那么理性。

399. 聪明的弟子

这个聪明的弟子看着宽阔无边的麦田动起了脑筋:一看到好的麦穗就摘,肯定是不可行的;看到好的麦穗总也不摘,期待会有更好的同样也是不可取的。这样,就必须将前后做个比较,麦田这么大,可以将其分成三段,走到第一段时可以将其中的麦穗分成大、中、小三类;走到第二段时要验证一遍以免出错;而到了第三段时就可以验收成果了,只需从大类中找到最大最美丽的一株麦穗,虽然不一定是整个麦田中最大最美的,也差不了多少,足以令人满意了。第三个弟子就按照他的想法去做了,最终愉快地做出了选择。至此,他也明白如何选择伴侣了。

400. 滚球游戏

为了保持冠军地位,瑞普应该击倒 6 号木柱。

这样一来,木柱就将被分成 1 根、3 根、7 根三组。接下去,无论瑞普的对手施展什么伎俩,只要瑞普采取正确的策略,对手一定要输。矮山神要想取胜,他开始时应该击倒 7 号木柱,以便将木柱分成各有 6 根木柱的两组。此后,无论瑞普投掷哪一组里的木柱,山神只要在另一组里重演瑞普的动作,直到最终取得胜利为止。

401. 损坏的瓷器

两个女孩各自心里就要想了,航空公司认为这个瓷器价值在 1000 元以内,而且如果自己给出的损失价格比另一个人低,就可以额外再得到 200 元,而自己实际损失是 888 元。

"中原一点红"想了,航空公司不知道具体价格,那么"沙漠樱桃"那个傻女孩肯定会认为多报损失就会多得益,只要不超过 1000 元即可,那么那个傻女孩最有可能报的价格是 900 ~ 1000 元的某一个价格。而我"中原一点红"怎么能做这么傻的事情呢?所以,我就报 890 元,这样航空公司肯定认为我是诚实的好女孩,从而奖励我 200 元,这样我实际就可以获得 1090 元,哈哈!那个傻女孩因为说谎,就只能拿 890 元了,看我多聪明啊!

优等生必学的发散思维——培养创新意识

两人考虑到此就都会写 890 元。

"沙漠樱桃"也想了,那个"中原一点红"一看就精明,不能中了她的圈套,被她算计了。所以我一定要好好教训一下这个自以为很精明的丫头,让她知道我不是好惹的。她既然算计我,要写 890 元,我也要报复。所以,我就填 888 元原价。

"中原一点红"也不是吃素的。她一想,这个叫"沙漠樱桃"的家伙肯定也不简单,不能低估了她。她肯定已经想到我要写 890 元了,这样她很可能填真实价格。我要来个以退为进的战略,填 880 元,低于真实价格,这下她肯定想不到了吧!

"沙漠樱桃"不知道从哪里得到了风声,她想你要来绝的,我比你更绝,我报 800 元,这次你输定了!

计谋的关键是要能算得比对手更远,于是这两个极其精明的女孩相互算计,最后,她们可能都会填 689 元。她们都认为,原价是 888 元,而自己填 689 元肯定是最低了,加上奖励的 200 元,就是 889 元,还能赚 1 元。

这两个女孩算计别人的本事是旗鼓相当的,她们都暗自为自己最终填了 689 元而感到兴奋不已。最后,航空公司收到她们的申报损失,发现两个人都填了 689 元,料想这两个女孩都很诚实守信。航空公司本来预算的 2198 元赔偿金现在只需赔偿 1378 元就能解决了。

而两个精明的女孩,各自只能拿到 689 元,还不足以弥补瓷器的损失。本来她们可以商量好都填 1000 元,这样她们各自都可以拿到 1000 元的赔偿金。结果她们因为互相算计,都想拿得比对方多,最后导致大家都得不到应得的利益。

402. 意想不到的老虎

多数人认为,死囚的第一步推理是正确的,即老虎不可能在第五扇门内。实际上,即使只有一扇门,死囚也无法确定老虎是否在这扇门里,它确实是意想不到的。这是一道著名的逻辑悖论,至今仍然没有很好的解释。关键就在于"意想不到"。既然承认了意想不到的前提,怎么能推出必然的结论呢?

403. 罪犯分汤

先由分汤的罪犯把汤分成 8 份,剩下的 7 个人先选择,最后剩下的那一份留给分汤的犯人,这样分汤的犯人为了自己的公平,就必须把汤分得平均。

404. 巧过关卡

可以的。爸爸和妈妈先过去,爸爸再回来,用了 6 分钟。乔安娜和奶奶过去,需要 10 分钟;妈妈再拿通行证回来,用去 4 分钟;然后爸爸和妈妈再出关卡,又是 4 分钟。一共 24 分钟出关卡。

405. 古老的堆物博弈

巴什博弈:假设先拿的人为甲,后拿的人为乙。若 n 小于或等于 m,甲直接全部拿走即可。若 n 大于 m,并且不是 $m+1$ 的倍数,甲第一次拿走若干个物品使得剩下的物品数量是

$m+1$ 的倍数。以后每轮甲拿走若干物品后都保持剩下的物品数量是 $m+1$ 的倍数,直到某次甲拿完物品后剩下 $m+1$ 个物品。这样无论乙从中拿走多少个,甲都能把剩下的全部拿走获胜。

若 n 是 $m+1$ 的倍数,则乙可采用上述策略获胜。

结论:当 n 正好是 $m+1$ 倍数的时候,后拿的人有必胜策略;其他情况都是先拿者有必胜策略。

威佐夫博弈:假设先拿的人为甲,后拿的人为乙。若两堆物品数相同,甲直接全部拿走即可。若两堆物品数不同,设一堆有 a 个,另一堆有 b 个,且 $a>b$。

若 $a<2b$,甲从两堆中各取走同样数量的若干个物品,使得剩下的一堆数量是另一堆数量的两倍。以后每轮无论乙怎么拿,甲都保持拿完后一堆数量是另一堆数量的两倍。直到某次甲拿完后一堆剩 1 个、另一堆剩 2 个。此时无论乙怎么拿,甲都能把剩下的全部拿走获胜。

若 $a>2b$,甲从多的那堆取走若干个物品,使得剩下的一堆数量是另一堆数量的两倍。以后采用上述策略获胜。

若 $a=2b$,则无论甲第一次怎么取,乙都可以用上述策略获胜。

结论:当开始的时候其中一堆的数量正好是另一堆数量两倍的时候,后拿的人有必胜策略;其他情况都是先拿者有必胜策略。

尼姆博弈:假设先拿的人为甲,后拿的人为乙。将三堆物品各自的个数转化为二进制,并计算三个二进制数中每位数上 1 的个数。甲先取若干个物品,并保证剩下的物品数转化为二进制后,每位数上 1 的个数都是偶数。这样无论乙怎么取,剩下的物品数转化为二进制后,每位数上 1 的个数都是奇数。甲保持这个策略到最后就能获胜。

结论:三堆物品各自的个数转化为二进制,并计算三个二进制数中每位数上 1 的个数。若为奇数,先取的人有必胜策略;若为偶数,后取的人有必胜策略。

406. 有病的狗

3 条。

假设只有一条病狗,这条病狗的主人观察到其他人的狗都是健康的,所以他马上就能断定是自己的狗生了病,在当天就能开枪杀死它。

假设有两条病狗,主人分别是甲和乙。甲在第一天观察到了乙的病狗,所以他无法判断自己的狗有没有生病。但是等到第二天的时候,甲发现乙没有在第一天开枪,这说明乙和甲一样也在第一天观察到了一条病狗。而甲已经知道除了自己和乙以外,其他人的狗都是健康的,所以乙观察到的病狗肯定是甲自己的那条了。这样,甲在第二天开枪杀死了自己的狗。同样的推理过程,乙也在第二天杀死了自己的狗。

假设有三条病狗,主人分别是甲、乙、丙。甲在第一天观察到了乙和丙的病狗,他按照刚才的推理过程知道,如果只有那两条狗生病,那么乙和丙会在第二天杀死他们自己的狗。乙和丙也是一样的推理过程,所以他们三个人在等待另外两人的枪声中度过了第二天。结果第二天没人开枪,他们就知道了另外两人也各自看到了两条生病的狗,也就是自己的狗是生病的。这样,三个人在第三天开枪杀死了自己的狗。

这个推理过程可以一直延续下去,到最后如果50条狗都是病狗,那么狗的主人们要一直等到第五十天才能确认自己的狗真的生了病。

407．纸牌游戏

根据（2），三人手中剩下的牌总共可以配成 4 对。再根据（3），小李和小明手中的牌加在一起能配成 3 对，小李和小王手中的牌加在一起能配成 1 对，而小王和小明手中的牌加在一起 1 对也配不成。

根据以上的推理，各个对子的分布（A、B、C、D 各代表一个对子中的一张）如下。

小李手中的牌：A、B、C、D

小明手中的牌：A、B、C

小王手中的牌：D

根据(1)和总共有 35 张牌的事实，小李和小王各分到 12 张牌，小明分到 11 张牌。因此，在把成对的牌拿出之后，小明手中剩下的牌是奇数，而小李和小王手中剩下的牌是偶数。

所以，单张的牌一定是在小王的手中。

408．摔跤比赛

不可能，因为这两个人一定是一男一女，所以无法举行比赛。

用反证法很容易证明。

假设都是男生，那么前排的这个男生左边一定都是男生，也就是这一排男生至少 8 人，同理后排的男生也至少 8 人，这样两排相加就有超过 16 个男生了。

假设都是女生，也一样会推出女生超过 16 人。

409．走独木桥

人先抱着猫过河，然后人回来把狗带过去；回来的时候把猫带回来，放在这岸，然后把鱼带过去，最后再回来带猫。这样就可以安全过河了。

410．急中生智

让两个孩子分别坐在一个竹筐里，然后这个农民把竹筐前后调一下，这样两个孩子就换过来了，谁也不用后退。

411．过河（1）

警察与罪犯先过，警察回；

警察与儿子1过，警察与罪犯回；

爸爸与儿子2过，爸爸回；

爸爸与妈妈过，妈妈回；

警察与罪犯过，爸爸回；

爸爸与妈妈过，妈妈回；

妈妈与女儿1过，警察与罪犯回；

警察与女儿2过，警察回；

警察与罪犯过,成功!

412．狼牛齐过河

两只狼过,一只狼回;

两头牛过,一狼一牛回;

两头牛过,一只狼回;

最后剩下的都是狼了,可以随便过了。

413．过河（2）

过河步骤如表 A-2 所示。丈夫分别用 A、B、C 表示,妻子用 a、b、c 表示。会划船的人分别为 a、B、c。

表 A-2

此　岸	船　上	彼　岸
A、C、a、c	B、b	
A、C、a、c	B	b
A、B、C	a、c	b
A、B、C	a	b、c
A、a	B、C	b、c
A、a	B、b	C、c
a、b	A、B	C、c
a、b	c	A、B、C
b	a、c	A、B、C
b	B	A、C、a、c
	B、b	A、C、a、c

414．动物过河

动物都用字母表示,分别为 A、a、B、b、C、c,其中 A、a、B、C 会划船。

提示："ab →"表示 a、b 动物划到河对岸,"a ←"表示 a 返回,"=b"表示 b 在对岸等。余同。

ab →, a ←, =b；

ac →, a ←, =bc；

BC →, Bb ←, =Cc；

Aa →, Cc ←, =Aa；

BC →, a ←, =ABC；

ab →, a ←, =ABbC；

ac →, =AaBbCc。

415．村口的一排树

在老太太宣布后的第一天，如果村里只有一个孩子恋爱，这个孩子的父母在老太太宣布之后就能知道。因为，如果其他孩子恋爱，她应当事先知道，既然不知道并且至少有一个孩子恋爱，那么肯定是自己的孩子了。因此，村里如果只有一个孩子恋爱，老太太宣布之后，当天这个孩子的父母就会去村口种树。

如果村里有两个孩子恋爱，这两个孩子的父母第一天都不会怀疑到自己的孩子，因为他们知道另外一个孩子恋爱了。但是当第一天过后他们发现那个孩子的父母没去村口种树，那么他们会想，肯定有两个孩子恋爱了，否则他们知道的那个恋爱孩子的父母在第一天就会去种树的。既然有两个孩子恋爱了，但他们只知道一个，那么另一个肯定是自己的孩子了。

事实上这个村子里的100个孩子都恋爱了，那么，这样推理会继续到第99天，也就是说，前99天每个父母都没怀疑到自己的孩子恋爱了，而当第100天的时候，每个父母都确定地推理出自己的孩子恋爱了，于是都去村口种树了。

这里，在老太太宣布"至少一个孩子恋爱了"这样一个事实时，每个父母其实都知道这个事实（村子里的规则他们也知道），老太太对这个事实的宣布似乎并没有增加这些村民的知识——关于村里孩子恋爱的知识。但为什么老太太的宣布使得村里的父母都去种树了呢？这是因为，老太太的宣布使得这个群体里的知识结构发生了变化，本来"至少一个孩子恋爱了"对每个村民都是知识，但不是公共知识，而老太太的宣布使得这个事实成为公共知识。

所谓公共知识是指一个群体的每个人不仅知道这个事实，而且每个人知道该群体的其他人知道这个事实，并且其他人也知道其他的每个人都知道这个事实……这涉及一个无穷尽的问题。

在上述例子中，老太太未宣布之前，对村子里的村民来说，"至少一个孩子恋爱了"不是一个公共知识。设想一下，假定共有三个村民A、B、C，那么在未宣布之前，A想：由于自己不知道自己的孩子恋爱了，其他两个村民B、C也同样不知道，那么A想B不知道C是否知道"至少有一个孩子恋爱了"。而当老太太宣布了"至少一个孩子恋爱了"之后，"至少一个孩子恋爱了"便成了A、B、C之间的公共知识。

在这个100家住户组成的小村里，老太太的宣布使得"至少一个孩子恋爱了"成了公共知识，于是，推理与行动便开始了。这是第100天的时候一起种树的原因。

416．谁没有输过

根据（1），当时（爸爸、妈妈、儿子）三人手中牌的分布是以下三种情况之一（A和B各代表一个对子中的一张牌，S代表单张）。

A，AB，BS；A，BS，AB；S，AB，AB。

然后，根据条件（2）、（3）和（4），这三种情况按表A-3所示过程进行抽牌。

表 A-3

可能性＼回合	开始	第一回	第二回	第三回	第四回	第五回
可能1	A, AB, BS	AB, A, BS	AB, AS, B	B, AS, AB	无论怎么抽都和(4)矛盾	
可能2	A, BS, AB	AB, S, AB	AB, AS, B	无论怎么抽都和(4)矛盾		
可能3		AS, B, AB	AS, AB, B	无论怎么抽都和(4)矛盾		
可能4			AS, BB, A	S, ×, AA	爸爸输	
可能5	S, AB, AB	AS, B, AB	AS, BB, A	A, ×, AS	AA, ×, S	儿子输
可能6		BS, A, AB	BS, AA, B	B, ×, BS	BB, ×, S	儿子输

由条件（5）可知，两盘游戏中有一次是"可能4"，还有一次是"可能5"或"可能6"，而只有妈妈没有输过。

417．巧胜扑克牌

甲无法胜出。

乙的必胜策略：在乙出牌前，甲不能出对子，乙忽略所有和 J、K 有关的牌，当甲第一次出小于 10 的单张时，乙出 10。然后乙继续忽略，甲依然不能出对子，直到甲出小于 10 的单张并且甲手里还有一张小于 10 的单张时，乙出 10。此时乙手里是对 A，甲手里至少还有三张小于 10 的牌，甲必输。

418．没有出黑桃

总共玩了四圈牌，因此，根据（3）和（4），必定在某一圈先手出的牌是王牌而且这圈是先手胜。于是，根据（1）和（2），先手和胜方的序列是以下二者之一：

(a)

X 先手，X 胜

X 先手，Y 胜

Y 先手，Y 胜

Y 先手，X 胜

(b)

X 先手，Y 胜

Y 先手，Y 胜

Y 先手，X 胜

X 先手，X 胜

不是先出牌就能取胜，表明打的是一张王牌。因此，无论是（a）还是（b），都要求一方有两张王牌，而另一方有一张王牌，从而得出黑桃是王牌。

假定（a）是符合实际情况的序列，则根据（4）以及第一圈时 Y 手中必定有一张黑桃的事实，X 在第一圈时不是先出了王牌黑桃而取胜的；根据（4）以及 X 在第四圈时必定要出黑桃的事实，Y 在第三圈时也不是先出了黑桃而取胜的。这同开始时分析所得的结论矛盾。

所以（b）是符合实际情况的序列。这样，根据（4）以及第二圈时 X 手中必定有一张黑桃的事实，Y 在第二圈时不是先出了黑桃而取胜的。因此在第四圈时，X 先出了黑桃并以之取胜。

根据上述推理，在第一、三、四圈都出了黑桃，只有在第二圈中没有出黑桃。

其他的情况是：X 在第一圈时先出的是 Y 手中所没有的花色。既然 X 手中应该有两张黑桃，那么 X 是爸爸，他在第一圈先出的是梅花。接着在第二圈时出了红桃。因此，根据（4），儿子在第二圈时先出了方块并以之取胜；根据（3），他在第三圈时先出了红桃，在第四圈时出的是方块。

419．猜纸片

有优势。

假设朝上的是 √，朝下是 √ 或 × 的机会并不是 1/2。

朝下的是 √ 的机会有两个：一个是第一张卡片的正面朝上时，另一个是第一张卡片的反面朝上时。但朝下的是 × 的机会，只有当第二张卡片正面朝上的时候。也就是说，只要回答朝上那面的图案，他就有 2/3 的机会赢。

420．该怎么下注

跟丽莎小姐一样，押 500 个金币在"3 的倍数"上就可以了。

基本上只要跟丽莎小姐用同样的方法下注就可以了。如果丽莎小姐赢了，周星星先生也会得到同样的报酬，他们的名次就不会受到影响。如果丽莎小姐输了，就更不会影响到名次。

事实上周星星先生只要押 401 个以上的金币，赢的话金币就会在 1502 个以上，仍然是第一名。所以，在这种场合下，手里有较多金币的人便是赢家。

421．不会输的游戏

要明白"15 点"游戏的道理，其诀窍在于看出它在数学上是等价于"井"字游戏的！使人感到惊奇的是，该等价关系是在著名的 3×3 魔方（也就是九宫格）的基础上建立的，而 3×3 魔方在中国古代就已发现。要了解这种魔方的妙处，先列出其和均等于 15 的所有 3 个数字的组合（不能使两个数字相同，不能有零）。这样的组合只有 8 组：

1+5+9=15
1+6+8=15
2+4+9=15
2+5+8=15
2+6+7=15
3+4+8=15
3+5+7=15
4+5+6=15

表 A-4

2	9	4
7	5	3
6	1	8

现在仔细观察一下表 A-4 这个独特的 3×3 魔方。

应当注意的是，这里有 8 组元素，8 组都在 8 条直线上：三行、三列、两条主对角线。每条直线等同于 8 组三个数字（它们加起来是 15）中的一组。因此，在游戏中每组获胜的

3个数字,都由某一行、某一列或某条对角线在方阵上代表着。

很明显,每一次游戏与在方阵上玩"井"字游戏是一样的。庄家在一张卡片上画上这个魔方图,把它放在游戏台下面,只有他能看到。在进行"15点"游戏时,庄家暗自在玩卡片上相应的"井"字游戏。玩这种游戏是决不会输的,假如双方都正确无误地进行,最后就会出现和局。然而,被拉进游戏的人总是处于不利的地位,因为他们没有掌握"井"字游戏的秘诀。因此,庄家很容易设置埋伏,让自己轻松获胜。

422. 蜈蚣博弈的悖论

如果一开始A就选择不合作,则两人各得1的收益。而A如果选择合作,则轮到B选择,B如果选择不合作,则A收益为0,B的收益为3;如果B选择合作,则博弈继续进行下去。

可以看到每次合作后总收益在不断增加,合作每继续一次,总收益增加1,如第一个括号中总收益为1+1=2,第二个括号为0+3=3,第三个括号则为2+2=4。这样一直下去,直到最后两人都得到10的收益,总体效益最大。遗憾的是这个圆满结局很难实现!

大家注意,在图中最后一步由B选择时,B选择合作的收益为10,选择不合作的收益为11。根据理性人假设,B将选择不合作,而这时A的收益仅为8。A考虑到B在最后一步将选择不合作,因此他在前一步将选择不合作,因为这样他的收益为9,比8高。B也考虑到了这一点,所以他也要抢先A一步采取不合作策略……如此推论下去,最后的结论是:在第一步A将选择不合作,此时各自的收益为1,这个结论是令人悲哀的。

不难看出,这个结论是不合理的。因为如果一开始就停止,A、B均只能获取1,而采取合作性策略有可能均获取10,当然A一开始采取合作性策略有可能获得0,但1或者0与10相比实在是很小。直觉告诉我们采取"合作"策略是好的。而从逻辑的角度看,A一开始应选择"不合作"的策略。人们在博弈中的真实行动"偏离"了博弈的理论预测,造成二者间的矛盾和不一致,这就是蜈蚣博弈的悖论。

423. 酒吧问题

每个参与者只能根据以前去的人数的信息归纳出策略,没有其他信息,他们之间更没有信息交流。

这是一个典型的动态博弈问题,这是一群人之间的博弈。如果许多人预测去酒吧的人数多于60,而决定不去,那么,酒吧的人数将很少,这时候预测就错了。如果有很大一部分人预测去酒吧的人数少于60,因而去了酒吧,则去的人很多,多过60,此时他们的预测也错了。因此一个做出正确预测的人应该能知道其他人如何做出预测的。但是在这个问题中每个人的预测信息来源是一样的,即都是过去的历史,而每个人都不知道别人如何做出预测,因此,所谓的正确预测是没有的。每个人只能根据以往历史"归纳地"做出预测,而无其他办法。阿瑟教授提出这个问题也是强调在实际中归纳推理对行动的重要性。

因此,对于这样的博弈的参与者来说,问题是他如何才能归纳出合理的行动策略。

例如,如果前面几周去酒吧的人数如下:

44,76,23,77,45,66,78,22

通过计算机的模拟实验，阿瑟得出一个有意思的结果：不同的行动者是根据自己的归纳来行动的，并且去酒吧的人数没有一个固定的规律，然而经过一段时间以后，去酒吧的平均人数很快达到 60。即经过一段时间，这个系统中去与不去的人数之比是 60∶40，尽管每个人不会固定地属于去酒吧或不去酒吧的人群，但这个系统的这个比例是不变的。阿瑟说，预测者自动地形成一个生态稳定系统。

这就是酒吧问题。对于下次去酒吧的确定人数无法做出肯定的预测，这是一个混沌现象。

424．花瓣游戏

后摘的可以获胜。首先，如果先摘的人摘一片花瓣，那么，后摘的人就在花瓣的另一边对称的位置摘去两片花瓣；如果先摘的人摘了两片花瓣，那么，后摘的人在花瓣的另一边摘一片花瓣。这时还剩下 10 片花瓣，而且被分为相等的两组，每组 5 片相邻的花瓣。在以后的摘取中，如果先摘的人摘一片，后摘的人也摘一片；如果先摘的人摘两片，后摘的人也摘两片。并且摘的花瓣是另一组中对应的位置，这样下去，后摘者一定可以摘到最后的那片花瓣。

425．倒推法博弈

B 通过分析得出：A 的威胁是不可信的。原因是：当 B 进入的时候，A 阻挠的收益是 2，而不阻挠的收益是 4。4>2，理性人是不会选择做非理性的事情的。也就是说，一旦 B 进入，A 的最好策略是合作，而不是阻挠。因此，通过分析，B 选择了进入，而 A 选择了合作。双方的收益各为 4。

在这个博弈中，B 采用的方法为倒推法，或者是逆向归纳法，即当参与者做出决策时，他要通过对最后阶段的分析，准确预测对方的行为，从而确定自己的行为。

在这里，双方必须都是理性的。如果不满足这个条件，就无法进行分析了。

另外，作为 A，从长远的利益出发，为了避免以后还有人进入该市场，A 宁可损失，也要对进入者做些惩罚。这样就会出现其他结果。大家可以继续深入思考一下。

426．将军的困境

这就是"协同攻击难题"，它是由格莱斯（J.Gray）于 1978 年提出的。糟糕的是，有学者证明，不论这个情报员来回成功地跑了多少次，都不能使两个将军一起进攻。问题在于，两个将军协同进攻的条件是："于黎明一起进攻"，这是将军 A、B 之间的公共知识，然而，无论情报员跑了多少次，都不能够使 A、B 之间形成这个公共知识！

427．分遗产

先考虑一种简单的情况，假如姐姐和弟弟的偏好排序如下。

姐姐：①冰箱；②洗衣机；③自行车；④洗碗机；⑤笔记本电脑；⑥打火机。

弟弟：①笔记本电脑；②打火机；③洗碗机；④自行车；⑤冰箱；⑥洗衣机。

如果诚实地选择，结果会是：姐姐选了冰箱、洗衣机和自行车，而弟弟选了笔记本电脑、打火机和洗碗机。

姐姐得到了6件物品中她认为价值最高的3件物品,弟弟同样得到了他希望得到的价值在前3位的物品。两人对分配均满意。这是一个双赢分配。

这里所实现的"双赢"分配,其基础是:假定他们对不同的物品的估价"差别较大",或者说不同物品在不同的人那里其"效用"是不同的。为了分析这里的分配是双赢的结果,设定他们对每件物品进行打分,假定满分为100分,姐姐和弟弟分别将这100分分配给不同的物品。具体如下。

姐姐:①冰箱28分;②洗衣机22分;③自行车20分;④洗碗机15分;⑤笔记本电脑10分;⑥打火机5分。

弟弟:①笔记本电脑30分;②打火机25分;③洗碗机20分;④自行车15分;⑤冰箱5分;⑥洗衣机5分。

这样,姐姐总共得到了70分,而弟弟得到了75分。两人分配得到的结果都大大超过了50分。勃拉姆兹教授在《双赢解》一书中还提出了分配的"无嫉妒原则"。也就是说,姐姐所得为70分,弟弟所得为75分,姐姐也不会嫉妒弟弟。如此看来,这样的分配确实是双赢的。

在上述的分配中,假定姐姐和弟弟对不同物品的估价或者排序是不同的。如果他们的估价差不多,情形又将如何呢?

假定姐姐和弟弟对不同物品估价后进行的排序如下。

姐姐:①冰箱;②笔记本电脑;③自行车;④洗碗机;⑤洗衣机;⑥打火机。

弟弟:①笔记本电脑;②打火机;③洗碗机;④自行车;⑤冰箱;⑥洗衣机。

同样,由姐姐先选。

在这样的选择中,如果每个人进行的选择是诚实的,即每个人进行选择时,都是从剩下的物品中选择自己认为价值最高的物品,那么结果是:

姐姐选择了冰箱、自行车和洗衣机;

弟弟选择了笔记本电脑、打火机和洗碗机。

在这个分配中,姐姐获得了她认为的价值"第一""第三"和"第四"的物品,而弟弟获得了他认为价值"第一""第二"和"第六"的物品。

这样的分配对双方来说虽然不是最好的结果,但是双方应该对这个分配结果感到满意。

在这个例子中,聪明的读者会想到:如果姐姐第一次不选择冰箱,而选择笔记本电脑,情形会怎样呢?即:姐姐的选择是策略性的,而不是诚实的。因为,姐姐知道在弟弟那里笔记本电脑排第一,而冰箱排倒数第二。姐姐第一次选择了笔记本电脑,轮到弟弟选择时,弟弟也不会选择冰箱,而会选择打火机。那样结果就会如下:

姐姐选择了冰箱、笔记本电脑和自行车;

弟弟选择了打火机、洗碗机和洗衣机。

这样姐姐得到了她认为最值钱的前三件东西,而弟弟得到了他认为有价值的第二、第三及第六件物品。

当然,如果弟弟对自己的分配所得的结果不满意,他同样可以采取策略性行为。当他看到姐姐采取策略性行为而选择了笔记本电脑时,轮到他选择时,他先选择冰箱!尽管冰箱在他看来价值最低，但他知道冰箱在姐姐那里价值最高，当他选择了冰箱后，他可以用它与姐姐交换笔记本电脑！这样一来，情形就较复杂。大家不妨自己分析一下此时的结果。

428．理性的困境

A提方案时要猜测B的反应，A会这样想：根据理性人的假定，A无论提出什么方案给B——除了将所有100元留给自己而一点不给B留这样极端的情况，B只有接受，因为B接受了还有所得，而不接受将一无所获——当然此时A也将一无所获。此时理性的A的方案可以是：留给B一点点，比如1分钱，而将99.99元据为己有，即方案是99.99∶0.01。B接受了还会有0.01元，而不接受将什么也没有。

这是根据理性人的假定的结果，而实际则不是这个结果。英国博弈论专家宾莫做了个实验，发现提方案者倾向于50∶50。而接受者如果给他的少于30%，他会倾向于拒绝；多于30%，则不会拒绝。

这个博弈反映的是"人是理性的"这样的假定，在某些时候存在与实际不符的情况。

429．纽科姆悖论

这是一个新的悖论，而专家们还不知道如何解决它。

这个悖论是物理学家威廉·纽科姆发明的，称为纽科姆悖论。哈佛大学的哲学家罗伯特·诺吉克首先发表并分析了这个悖论。他分析的依据主要是被数学家称为"博弈论"或"对策论"的法则。

男孩决定只拿B箱是很容易理解的。为了使女孩的论据明显，要记住欧米加已经走了。箱子里也许有钱，也许空着，这是不会再改变的。如果有钱，它仍然有钱；如果空着，它仍然空着。让我们思考一下这两种情况。

如果B中有钱，女孩只拿箱子B，她得到100万美元。如果她两个箱子都要，就会得到100万加1000美元。

如果B箱空着，她只拿B箱，就什么也得不到。但如果她拿两个箱子，她就至少得到1000美元。

因此，每一种情况下，女孩拿两个箱子都多得1000美元。

430．如何选择

若假定选择A为不合理的选择，那么选择A比选择B多90万元，这又使得选择A成为合理的选择。

反之，若选择A是合理的选择，则选择A将至少比选择B少10万元，因此，选择A又成了不合理的选择。

所以这是一个两难悖论，无法选择。

431．是否交换

先看极端情况：
如果A、B有一人拿到5元的信封，该人肯定愿意换。

如果 A、B 有一人拿到 160 元的信封,该人肯定不愿意换。

但问题是 A、B 两个信封是一个组合;设 A 愿意换,则 B 不一定愿意换;反之亦然。

再看中间状况。

从期望收益来看,假如(A、B)信封组合实际为(20、40):

假如 A 拿到信封,看到里面有 20 元,则他面对两种可能,即 B 信封里或为 10 元(他不愿换),或为 40 元(他愿意换)。但这两种可能性从概率上说是均等的,即各为 1/2(50%);因此,他若愿意换,则其期望收益为:$10 \times 50\% + 40 \times 50\% = 25$(元),这比他"不交换"的所得(信封里的 20 元)多,因此,理性的 A 应当"愿意交换"。

而 B 拿到信封,看到里面有 40 元,则他面对两种可能,即 A 信封里或为 20 元(他不愿换),或为 80 元(他愿意换);但这两种可能性从概率上说是均等的,即各为 1/2(50%);因此,他若愿意换,则其期望收益为:$20 \times 50\% + 80 \times 50\% = 50$(元),这比他"不交换"的所得(信封里的 40 元)多。因此,理性的 B 也应当"愿意交换"。

432. 与魔鬼的比赛

战略是这样的,他先把第一颗棋子放在圆盘的正中央,然后他再放棋子时,棋子总和魔鬼放的棋子以圆盘的中心成中心对称。这样,他总是有地方放棋子,直到魔鬼无法再往圆盘上放。不管盘子和棋子多大多小都一样。

参 考 文 献

[1] 李卓逸. 最受青少年喜爱的 1000 个创意思维游戏 [M]. 长春：吉林出版集团有限责任公司，2011.
[2] 黎娜. 哈佛给学生做的 1500 个思维游戏 [M]. 北京：华文出版社，2009.
[3] 黎娜，于海娣. 全世界优等生都在做的 2000 个思维游戏 [M]. 北京：华文出版社，2010.